# Dringliche Wirtschaftsfragen

## Heft 6

# Unsere Valutasorgen

## Ursachen, Wirkungen und Heilmittel

von

Ernst Kahn
Handelsredakteur der Frankfurter Zeitung

Leipzig – Verlag von Veit & Comp. – 1917

# Unsere Valutasorgen

## Ursachen, Wirkungen und Heilmittel

von

**Ernst Kahn**

Handelsredakteur der Frankfurter Zeitung

Mit 9 graphischen Darstellungen

Leipzig ▫ Verlag von Veit & Comp. ▫ 1917

Druck von Metzger & Wittig in Leipzig.

## Vorwort.

Der starke Rückgang unserer Valuta im Auslande hat gerade in den letzten Wochen des Jahres 1916 derartige Formen angenommen, daß weit über die Kreise der Fachleute hinaus schwere Besorgnisse entstanden sind. Aus diesem Grunde dürfte es von allgemeinem Interesse sein, die Ursachen dieser unerfreulichen Erscheinung aufzudecken, die Wirkungen zu zeigen und auf Grund dieser Feststellungen nach den Heilmitteln zu suchen. Es war die Absicht des Verfassers, so zu schreiben, daß auch der Nichtfachmann ohne Schwierigkeit das angeblich so verwickelte Thema verstehen kann.

Frankfurt a. M., Ende Januar 1917.

Ernst Kahn.

# Inhalt.

## Erster Abschnitt.

### Das Wesen der Wechselkurse in normalen Zeiten.



## Zweiter Abschnitt.

### Die Wechselkurse im Kriege.



## Dritter Abschnitt.

### Der erste deutsche Besserungsversuch.



## Vierter Abschnitt.



## Fünfter Abschnitt.

### Heilmittel.

Anhang.

## Erster Abschnitt.

# Das Wesen der Wechselkurse.

Valuten, Devisen und Wechselkurse galten bei uns bis tief in den Krieg hinein als Kapitel einer Geheimlehre, die nur einem kleinen Kreis Auserwählter verständlich sei. Heute ist das anders geworden. Jedermann spürt am eigenen Leibe die Wirkungen der gewaltsamen Veränderungen unserer ausländischen Wechselkurse in der Form der großen Teuerung. Darum wird man auch heute mehr als früher Aussicht haben, jene irrige Annahme, daß es sich hier um äußerst schwer verständliche Dinge handle, zu widerlegen.

Die Wechselkurse oder Auslandsdevisen sind die Ausdrucksform der Zahlungsverpflichtungen des Inlandes an das Ausland. Wenn beispielsweise ein Pariser Kaufmann in der Schweiz Waren für 100000 Franken kauft, so übernimmt er damit zunächst einmal die Verpflichtung, seinen schweizerischen Lieferanten diese 100000 Franken in barem Gelde, also in 100000 Franken Gold oder Banknoten zu zahlen. Würde er das tun, so müßte er sich die entsprechende Summe in Banknoten oder in Gold zunächst verschaffen, sie verpacken, versichern und wegschicken. Es entstünden ihm dadurch Unkosten aller Art, und die Ware würde ihm dann infolgedessen schließlich nicht 100000, sondern vielleicht 102000 Franken kosten. Darum wird er nach einem andern Pariser Kaufmann suchen, der in der Schweiz eine gleich hohe Forderung einzutreiben hat, die vermutlich auch aus einem Warenlieferungsgeschäft entstanden ist. Jener Ausgleich vollzieht sich in der Praxis durch Vermittlung der Banken; der Exporteur fragt also nicht bei einer Reihe von Importeuren an, ob sie derartige Auslandsforderungen einzutreiben haben, sondern er beauftragt damit seine Bank, die ihrerseits wiederum an der Börse Gelegenheit hat, derartige gegenseitige Forderungen mit den übrigen Banken auszutauschen. Wenn nun in dem Augenblick, in dem diese Zahlung zu leisten ist, gleichviele Forderungen französischer Kaufleute an schweizerische Firmen wie Forderungen schweizerischer Kaufleute an französische Firmen vorhanden sind, wenn also Angebot und Nachfrage sich ausgleichen, so wird ein volles Gleichgewicht zwischen den beiden Ländern vorhanden sein. Das heißt, man zahlt in Paris für eine Zahlungsanweisung auf Zürich im Nominalwert von 100000 Franken nicht weniger und nicht mehr als 100000 Franken französischen Geldes. Wenn aber aus irgendwelchem Grunde höhere Zahlungen nach der Schweiz zu leisten sind als umgekehrt, wenn somit die Nachfrage nach Zahlungsanweisungen an die Schweiz größer ist als das Angebot, so wird der Pariser Exporteur wohl oder übel auch etwas mehr als 100000 Franken zahlen, damit er um jene unangenehme, kostspielige und zeitraubende Notwendigkeit der Versendung in Gold herumkommt. Er zahlt dann unter Umständen 200 und vielleicht selbst 500 Franken mehr, das heißt, er entrichtet ein Aufgeld von 2 oder auch sogar 5 pro 1000. Auf dem Kurszettel der Pariser Börse wird dann „Auszahlung Schweiz" nicht mehr mit 100, sondern mit 100,2 bzw. 100,5 notieren.

## Die Grenzen der Schwankungen: Oberer und unterer Goldpunkt.

Bekommt aber der Pariser selbst zu 100,5 das für ihn nötige Material nicht, so wird es für ihn doch besser und vorteilhafter sein, sich das nötige Gold zu verschaffen und so seine Zahlungen gewissermaßen in natura auszugleichen. Diesen Punkt, an dem diese „Verschiffung" sich als zweckmäßig erweist, nennt man den oberen Goldpunkt. Er ist nicht ein für allemal festgelegt, sondern hängt ab von den jeweiligen Kosten der Versendung, Versicherung, der Abnützung der käuflichen Goldmünzen und den Diskontsätzen.

Nun kann aber auch der umgekehrte Fall eintreten. Ein französischer Importeur nämlich hat eine Forderung an eine schweizerische Gesellschaft und will diese verkaufen. Es herrscht aber augenblicklich keine entsprechende Nachfrage nach Zahlungsanweisungen auf die Schweiz, weil von allen Seiten solche angeboten sind. Der Importeur erhält also nicht seinen vollen Nominalwert, sondern kann nur um Bruchteile eines Prozents billiger seine Forderung verkaufen. Er wird das bei einem ihm gebotenen Kurs von 98,80 oder 98,50 noch tun. Wird ihm aber noch weniger geboten, so ist es für ihn rentabler, sich von seinem schweizerischen Geschäftsfreund die entsprechende Summe in schweizerischen Goldmünzen schicken zu lassen. Dieser Punkt ist unter dem Namen unterer Goldpunkt bekannt.

Daraus ergibt sich, daß in normalen Zeiten die Wechselkurse zwischen Ländern mit Goldwährung nur ganz bescheiden hin und her schwanken können. Die Schwingungen des Pendels sind gewissermaßen nur mit dem Millimeterstab festzustellen.

## Wechselkurs und Diskontpolitik.

Die Wirkungen dieser kleinen Schwankungen für die Allgemeinheit sind nicht unmittelbar wahrnehmbar. Vor allem ist der Einfluß auf die Preisbildung nur äußerst gering, denn derartige Auf- und Abschläge von Bruchteilen eines Prozents kommen für den letzten Konsumenten überhaupt nicht mehr in Betracht. Der Fachmann allerdings muß auch in ruhigen Zeiten diese Vibrationen genau verfolgen, weil er daraus leicht und schnell erkennt, ob etwa in den wirtschaftlichen Beziehungen zwischen In- und Ausland Unstimmigkeiten vorhanden sind und ob Gegenmaßnahmen getroffen werden müssen. Eine der Gefahren, die durch derartige Schwankungen drohen, ist auch dem Laien ohne weiteres einleuchtend: Wechselkurse, die sich ständig um den oberen Goldpunkt herum bewegen, bringen für das Land die Gefahr großer Goldabflüsse mit sich, die unter Umständen die Währung des Landes ihrer gesetzlichen Grundlagen berauben können. In diesem Falle wird das Zentralnoteninstitut des betreffenden Landes versuchen, durch Erhöhung der offiziellen Bankrate einen gewissen Schutz zu schaffen. Umgekehrt können Wechselkurse, die gar zu nahe an den unteren Goldpunkt streifen, das Land mit Gold aus dem Auslande überschwemmen, was keineswegs immer im Interesse der Volkswirtschaft gelegen sein muß.

## Handels-, Forderungs- und Zahlungsbilanz.

Woher kommt es nun, daß die Nachfrage nach Zahlungsmitteln nach dem Ausland größer ist als das Angebot? Die landläufige Erklärung wird sein, daß mehr Ware eingeführt als ausgeführt worden ist. Diese Annahme ist durchaus irrig. Sie vergißt vollständig, daß die wirtschaftlichen Beziehungen zweier Länder sich keineswegs nur auf den Warenaustausch beschränken, sondern daß noch eine ganze Anzahl anderer Momente hinzutritt. Gerade Länder mit einem Einfuhrüberschuß oder, wie man zu sagen pflegt, einer passiven Handelsbilanz, haben in normalen Zeiten häufig die günstigsten Wechselkurse. Die Irrtümer in dieser Richtung sind äußerst weit verbreitet. Daß Bismarck einmal in einer Reichstagsrede versichert hat, ein Land mit dauernd passiver Handelsbilanz müßte allmählich wirtschaftlich verbluten, es müßte vor allem seinen ganzen Goldbestand einbüßen, ist noch nicht das grasseste Beispiel. Denn schließlich war Bismarck auf diesem Gebiet Laie. Schlimmer ist es, daß bis tief hinein in die zünftige Nationalökonomie in diesen Dingen die bedenklichste Verwirrung herrscht. Aus welchen Momenten sich in Wirklichkeit die wirtschaftlichen Verhältnisse zwischen In- und Ausland zusammensetzen, läßt sich vielleicht am besten an einem Beispiel auseinandersetzen. Wir wählen hierfür England, weil dieses zum mindesten bis zum Kriegsausbruch die mannigfachsten und vielseitigsten Beziehungen zum Ausland unterhielt und weil uns für dieses Wirtschaftsgebiet einigermaßen brauchbares Material zur Verfügung steht, das wir der Schrift „Gegen die englische Finanzvormacht" (4. Auflage, erschienen 1916 im Verlag der Frankfurter Sozietätsdruckerei in Frankfurt a. M.) entnehmen.

### Die englische Handelsbilanz im Jahre 1912.

| | | | |
|---|---|---|---|
| Gesamtwarenausfuhr . . | £ 600 Mill. | Gesamtwareneinfuhr . | £ 750 Mill. |
| Fehlbetrag („Passivsaldo") | „ 150 „ | | |
| Zusammen | £ 750 Mill. | Zusammen | £ 750 Mill. |

Würde es auf den Warenverkehr allein ankommen, so hätte England im Jahre 1912 nicht nur äußerst ungünstige Wechselkurse aufweisen, sondern darüber hinaus noch den ansehnlichen Posten von 150 Millionen Pfund Sterling in barem Gold, das ist weit mehr als jemals in der Bank von England lag, ans

Ausland zum Ausgleich des Fehlbetrags abgeben müssen. In Wirklichkeit aber konnte England in jenem Jahre sogar noch fünf Millionen Pfund Sterling mehr Gold ein- als ausführen. Woher kam das? Jedes Land, namentlich aber ein so ausgesprochenes Handelsvolk wie England, verfügt über eine Reihe anderer wichtiger Einnahmequellen, von denen für England in allererster Linie die Schiffahrt in Betracht kam, die ja vor dem Kriege nicht viel weniger als die Hälfte der gesamten seetüchtigen Welttonnage umfaßte und weit über den Bedarf des eigenen Verkehrs noch für das Ausland ihre Dienste zur Verfügung stellen konnte, ferner etwa die Einnahmen aus dem internationalen Zwischenhandel, Kommissionen, Versicherung und Bankgebühren. Besonders wichtig aber ist für reiche Länder, wie England es vor dem Kriege zweifellos war, der Besitz von Milliarden ausländischer Wertpapiere. Sehr ansehnlich waren ferner gerade für Großbritannien die Tribute der Kolonien. Hierher gehörten vor allem die in der alten Heimat verzehrten Pensionen der indischen Beamten, aber auch die Bezahlung für Kolonialbehörden mit dem Sitz in London. Weiter aber sind gewisse, nie ganz vermeidbare Mängel in der Ausfuhrstatistik zu berücksichtigen, die z. B. in dem Falle von England die bedeutende Ausfuhr von Schiffen teilweise außer acht läßt. Als Beträge, die für England zwar nur unbedeutend, für andere Länder aber sehr bedeutend sind, seien die Überweisungen von ausgewanderten Angehörigen (Italien!) und der Erlös der Fremdenindustrie (Paris, Schweiz) erwähnt. Berücksichtigt man alle diese Umstände, so kommt man zu folgendem Bild:

**Die englische Forderungsbilanz im Jahre 1912.**

| Forderungen an das Ausland. | | Verpflichtungen an das Ausland. | |
|---|---|---|---|
| Warenausfuhr . . . | £ 600 Mill. | Wareneinfuhr . . . | £ 750 Mill. |
| Schiffahrt (Reingewinn) | „ 120 „ | Goldzufluß . . . . . | „ 5 „ |
| Kommissionen, Versicherungen, Bankgebühren . . . . . . | „ 30 „ | Überschuß . . . . . | „ 191 „ |
| Kolonialtribut . . . | „ 13 „ | | |
| Schiffsverkäufe . . . | „ 8 „ | | |
| Zinsen aus Auslandsanlagen . . . . . . | „ 175 „ | | |
| Zusammen | £ 946 Mill. | Zusammen | £ 946 Mill. |

Vergleichen wir die beiden von uns aufgestellten Bilanzen, die Handels- und die Forderungsbilanz, so finden wir den denkbar größten Gegensatz. Die Handelsbilanz ist in hohem Grade passiv, sie schließt mit einem gewaltigen Fehlbetrag, die Forderungsbilanz aber ist in noch viel bedeutenderem Umfange aktiv und zeigt einen ganz außerordentlichen Überschuß. So wichtig nun die Erkenntnis ist, daß es auf die Handelsbilanz nicht allein ankommt, sondern daß noch eine ganze Reihe von Faktoren die wirtschaftlichen Wechselbeziehungen der einzelnen Länder bedingen, so genügt die Einschaltung des Begriffes Forderungsbilanz noch keineswegs. Denn wenn sie allein die Beziehungen von In- und Ausland beherrschen würde, so hätte England in dem von uns herangezogenen Jahre nicht 5 Millionen, sondern 196 Millionen Pfund Sterling an Gold exportieren müssen. Das geschah aber nicht, und zwar darum nicht, weil England nicht seine vollen Forderungen von 946 Millionen Pfund Sterling gewissermaßen in bar einkassierte, sondern einen erheblichen Teil, der sich etwa mit dem von uns festgestellten Überschuß von 191 Millionen decken dürfte, dem Ausland überließ, für diesen Betrag dort Staatsanleihen erwarb, fremde Bergwerke aufschloß, überseeische Plantagen anlegte usw.

Für die Bewegung der Wechselkurse kommt es aber nicht ausschließlich darauf an, wie sich das Verhältnis von Forderungen zu Verbindlichkeiten gestaltet, sondern welche Summen tatsächlich ins Ausland überwiesen werden. Es ist sehr wohl der Fall denkbar, daß ein reiches Land wie England vorübergehend freiwillig, etwa veranlaßt durch einen starken Unternehmungsgeist, trotz einer sehr aktiven Handelsbilanz höhere Überweisungen nach dem Auslande leistet als ihm zufließen. Umgekehrt kann ein Land, das Jahr für Jahr seine Verbindlichkeiten an das Ausland viel stärker erhöht als seine Forderungen, größere Beträge vom Ausland übermittelt bekommen als es dorthin leistet. Das wird namentlich der Fall sein bei jungen Ländern, die erst ihre Volkswirtschaft ausbauen. Aus den letzten Jahrzehnten gehören hierher vor allem Kolonialgebiete wie Kanada oder Australien. Nennen wir dieses dritte und für unsere Zwecke ausschlaggebende Verhältnis die Zahlungsbilanz, so können wir als Ergebnis dieses Exkurses feststellen: ein Land mit günstigen Wechselkursen hat eine aktive Zahlungsbilanz, ein Land mit ungünstigen Wechselkursen eine passive Zahlungsbilanz. Ist die passive Zahlungsbilanz lediglich auf vorübergehende finanztechnische Ursachen zurückzuführen, so wird die Wiederherstellung normaler Wechselkurse unschwer durch finanztechnische Maßnahmen, etwa durch Einschränkung der Darlehnsgewährung an das Ausland zu erreichen sein. Fällt aber die passive Zahlungsbilanz zusammen mit einer passiven Forderungsbilanz, so wird die Wiederherstellung normaler Verhältnisse einschneidendere Maßnahmen nötig machen, wie Einschränkungen in der Einfuhr und kräftigere Förderung der Ausfuhr.

## Die Devisenkurse in den Jahren vor dem Kriege.

Entsprechend unseren seitherigen Feststellungen, wonach in Ländern mit Goldwährung und mit freiem Goldmarkt die Wechselkurse nur innerhalb ganz enger Grenzen und zwar zwischen dem oberen und unteren Goldpunkt schwanken können, gestaltete sich auch bis zum Juli 1914 die Kursbewegung für die deutsche Reichsmark im Ausland. Als Beleg hierfür haben wir im nachstehenden die in Berlin notierten Kurse für die drei wichtigsten ausländischen Plätze New York, Paris und London in dem politisch und wirtschaftlich einigermaßen normalen Jahr 1910 ausgezeichnet. Wir haben die Einzeichnungen dermaßen vorgenommen, daß man ohne weiteres das prozentuelle Steigen und Fallen der drei Notierungen ableiten kann. Daraus ergibt sich, daß beispielsweise Scheck London niemals mehr als $4^1/_2$ Promille über der Parität stand und selbst die Kabelauszahlung New York, bei der der Goldpunkt infolge der erheblich weiteren Reise und der wesentlich größeren Unkosten der Versendung höher liegt, sich nur einmal um ein halbes Prozent vom Normalkurse entfernte.

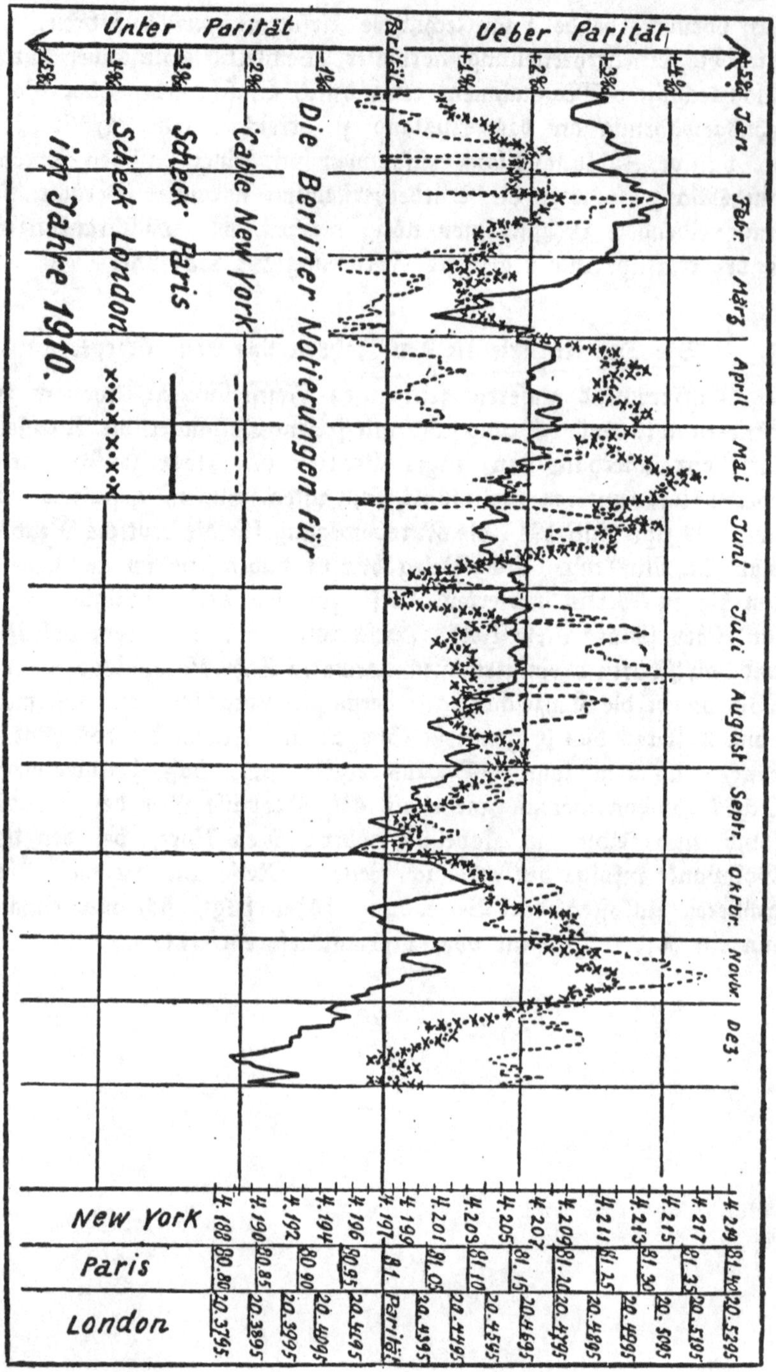
Unter Parität
Ueber Parität
Parität
Die Berliner Notierungen für
Cable New York
Scheck Paris
Scheck London
im Jahre 1910.
Jan
Febr.
März
April
Mai
Juni
Juli
August
Septr.
Oktbr.
Novbr.
Dez.
New York
Paris
London

# Zweiter Abschnitt.

## Die Wechselkurse im Kriege.

### Die Schließung des freien Goldmarktes.

Mit dem Augenblick der Kriegserklärung mußte die enge Begrenzung für die Schwankungen der Devisenkurse mit einem Schlage aufhören: Denn die wichtigste Voraussetzung für die verhältnismäßige Stetigkeit haben wir ja in der ungehinderten Goldausfuhr kennen gelernt. Die ungehinderte Goldausfuhr aber ist mit dem ersten Kriegstage so ziemlich in allen Ländern aufgehoben worden und zwar nicht nur in den unmittelbar beteiligten, sondern auch in den neutralen. Selbst ein Land wie Holland hat heute — zum mindesten formell — noch ein Goldausfuhrverbot. Amerika schwankte lange, hat aber dann die Goldausfuhr zugelassen, namentlich unter dem Druck des Hauses Morgan, das damals, da es sich darum handelte, Gold für England abzugeben, als unbedingter Verfechter eines freien Goldmarktes eintrat, um dann zwei Jahre später, als England Gold in großen Mengen nach Amerika geben sollte, auf einmal Bedenken gegen eine unbeschränkte Goldbewegung geltend zu machen. Es ist selbstverständlich, daß bereits in dem Augenblick, in dem die politischen Verhältnisse sich verwickelten, die Wechselkurse aus ihrem Gleichgewicht herauskamen. Welchen Verlauf die Bewegung der Wechselkurse seit Anfang Juli bis in die neueste Zeit für die einzelnen Länder hinein genommen hat, zeigen uns nachstehende Übersichten.

### Die Bewegung in den Hauptländern.

#### 1. England.

Wenn man den englischen Finanzmaßnahmen im Kriege ein Lob zubilligen muß, so ist es die Anerkennung der britischen Devisenpolitik. So ungeschickt die maßgebenden Männer bei der Begebung der Kriegsanleihen verfahren sind — in dieser Beziehung hat die deutsche Regierung unvergleichlich besser gearbeitet —, so gut ist ihnen die Regelung der Devisenkurse bisher gelungen. Und das ist für England außerordentlich wichtig. Denn eines der größten Aktiva in der englischen Nationalbilanz bildet der Kurs des Pfund Sterling. London galt von allen großen Mittelpunkten des internationalen Geldverkehrs als einziger Ort, aus dem man seit Jahrzehnten ungehindert Gold in beliebiger Höhe ausführen konnte. Der konstante Londoner Wechselkurs war es, der das englische Akzept in der ganzen Welt beliebt machte. Im Zusammenhang mit der ständigen Möglichkeit, durch Goldausfuhren größere Schwankungen auszugleichen, war von vornherein der Wert des englischen Wechsels nahezu stabil. Das war einer der Gründe, warum der brasilianische Exporteur, der an einen Havreser oder Hamburger Kaffee verkauft hatte, seine Bezahlung durch einen auf London laufenden und von einer dortigen Bank akzeptierten Wechsel zu erhalten wünschte und aus diesem Grunde sandte ein nordamerikanischer Käufer argentinischer Felle seinen Geschäftsfreunden in Buenos Aires einen in London einlösbaren Wechsel. Man sieht also, es stand außerordentlich viel auf dem Spiel. Bei Kriegsausbruch waren zunächst die Wechselkurse für England nicht ungünstig, im Gegenteil ist, wie aus unserer Zeichnung hervorgeht, beispielsweise in New York der Pfundwechsel zeitweise 30—35% über seine Parität gestiegen. Das war kein Wunder, denn England konnte, unterstützt von seiner Diskontpolitik, die die Bankrate im Anfang August 1914 auf 10% hinaufschnellen ließ, aus dem Auslande rücksichtslos alle seine Forderungen und Fälligkeiten eintreiben, und da das in London stark verschuldete Amerika zögerte, sofort mit Gold zu bezahlen, so mußte, aus den im ersten Abschnitt angeführten Gründen, die amerikanische Valuta völlig ins Schwanken kommen. Der normalerweise um 4,86½ Doll. pendelnde Kurs des Pfund Sterling schnellte vorübergehend auf 6,50, angeblich an einem Tage sogar auf 7 Doll. hinauf. Erst als die Amerikaner sich zur Abgabe von Gold bereit erklärten und einen sogenannten Goldpool mit 150 Millionen Doll. zusammenbrachten, kamen die Wechselkurse wieder ins Gleichgewicht.

Bald aber wurde für England die Aufgabe, die Wechselkurse aufrecht zu erhalten, außerordentlich schwer, denn zwei Dinge machten sich sehr störend für die englische Forderungsbilanz bemerkbar: Das Mißverhältnis zwischen Ein- und Ausfuhr und die immer dringlicher und größer werdenden Ansprüche der Bundesgenossen. Allerdings kamen auf der anderen Seite wieder günstige Umstände, wie etwa die Tatsache, daß auf die in England für Deutschland ruhenden 2 Milliarden Mark Wertpapiere keine

Zinsen bezahlt werden mußten. Was den englischen Außenhandel betrifft, so gewährt darüber nachstehende Tabelle einen gewissen, allerdings nur sehr lückenhaften Aufschluß, denn in der englischen Einfuhr werden im Kriege nur jene Güter eingerechnet, die für private Käufe nach England kamen, nicht aber jene gewaltigen Mengen, die von der Regierung für eigene Rechnung eingeführt wurden.

**Englands Außenhandel (ohne Wiederausfuhr)**
**in Millionen £.**

| | 1912 | 1913 | 1914 | 1915 | 1916 |
|---|---|---|---|---|---|
| Einfuhr . . . . . . . . . . | 745 | 769 | 697 | 852 | 949 |
| Ausfuhr . . . . . . . . . . | 487 | 525 | 431 | 385 | 507 |
| Einfuhrüberschuß . . . . . | 258 | 244 | 266 | 467 | 442 |

Man wird kaum fehlgehen, wenn man für jene unsichtbare Einfuhr zu der in unserer Übersicht errechneten noch ein Drittel hinzuzählt. Dann aber ergibt sich, gegenüber einem Einfuhrüberschuß von nur 250 Mill. Lstrl. in normalen Jahren ein Hinaufschnellen auf rund 600 Mill. in den Jahren 1915 und 1916. Was aber die Bundesgenossen, in erster Linie Rußland, von England an Darlehen verlangten, erkennt man daraus, daß bereits für den März 1916 englische Blätter von 900 Mill. Lstrl. sprachen. Trotzdem ist die Entwertung des englischen Wechselkurses in neutralen Ländern verhältnismäßig außerordentlich gering, wie aus der umstehenden ersten Zeichnung hervorgeht, die die Bewegung der drei hauptsächlichsten Wechselkurse London, Paris und Berlin in New York gegenüberstellt.

Und dasselbe ergibt sich auch aus der nachfolgenden Einzeldarstellung der Londoner Devise in Holland und der Schweiz. Wir werden nämlich in diesem Abschnitt Holland und die Schweiz als Ausgangspunkt für die Devisenbewegung der kriegführenden Länder nehmen, weil für dort regelmäßige Notizen vorliegen.

Was hat nun England getan, um dieses Resultat zu erzielen? Kreditaufnahme in allen Formen, Wertpapierverkäufe und Goldverschiffungen. England hat allein in den Vereinigten Staaten bisher (Ende Januar 1917) recht nahe an $1^1/_4$ Milliarde Dollar, also 250 Mill. Lst., an Anleihen untergebracht und gleichzeitig sehr viele inoffizielle Darlehen von Bank

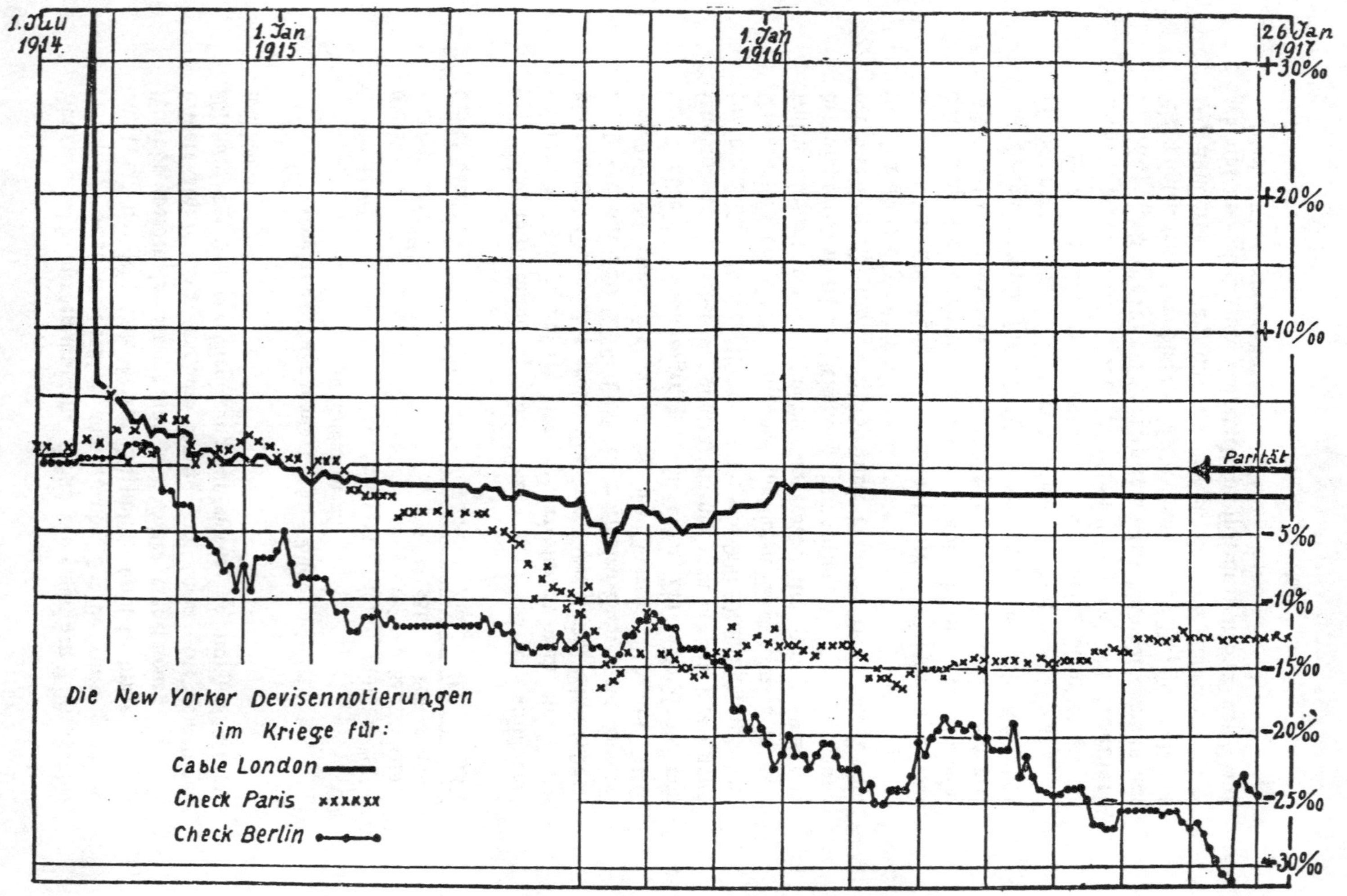

1. Juli 1914
1. Jan 1915
1. Jan 1916
26 Jan 1917
+30‰
+20‰
+10‰
Parität
−5‰
−10‰
−15‰
−20‰
−25‰
−30‰
Die New Yorker Devisennotierungen
im Kriege für:
Cable London
Check Paris
Check Berlin

zu Bank erhalten. Als größerer Geldgeber für England trat noch das bis zum Kriegsausbruch so arme und kreditbedürftige Japan auf und selbst so kapitalschwache Länder wie die Kolonie Kanada mußte wiederholt dem Londoner Druck, Darlehen zu gewähren, nachgeben. Nimmt man selbst an, daß in Kanada diese

Der Pfund Wechsel in Zürich und Amsterdam.

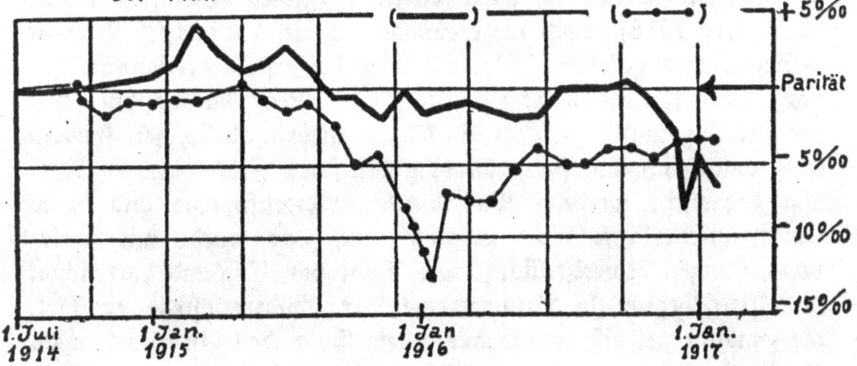


Darlehen einigermaßen freiwillig gegeben wurden, so ist das in anderen neutralen Ländern kaum der Fall. Es war ein Programmpunkt des englischen Wirtschaftskrieges für Lieferungen aus den umliegenden kleineren Ländern, wie etwa aus Norwegen diesen möglichst nichts in bar zu zahlen, sondern dafür Schatzwechsel zu geben, die erst nach dem Kriege eingelöst werden sollen.

Dazu kamen nun die Verkäufe von Wertpapieren. Im Dezember 1915, nachdem bis dahin schon recht ansehnliche Beträge durch den freien Handel nach Amerika gewandert waren, proklamierte der englische Schatzkanzler eine Effektenmobilisation; man stellte dem Publikum frei, seine ausländischen, vor allem amerikanischen Wertpapiere entweder an die Regierung zu verkaufen oder sie ihr zu leihen. Auf diese Weise kam die Regierung in den Besitz gewaltiger Summen, die ihr nicht nur Unterlagen für ihre amerikanischen Darlehen gewährten, sondern darüber hinaus noch große verfügbare Fonds schaffte, die vor allem in ungünstigen Augenblicken jederzeit verwendbar waren. Der Erfolg gerade dieses letzteren Umstandes war so glänzend, daß in New York seit jener Zeit der Londoner Wechselkurs geringeren Schwankungen unterliegt als etwa im Frieden.

Während beispielsweise auf den deutschen Wechselkurs in New York, wie wir später finden werden, auch äußerliche Ursachen wie etwa die Ankunft des Tauchbootes Deutschland oder das Friedensangebot, einen tiefgreifenden Einfluß ausübten, ist der englische Wechselkurs selbst bei einem für die britische Sache so schmerzlichen Zwischenfall wie die Warnung der amerikanischen Bundesreservebank vor allzu vielen englischen Wechseln (Ende November 1916), noch nicht einmal um ein hundertstel Prozent gestiegen oder gefallen. Damals wies die erste amerikanische Finanzzeitschrift „Financial Chronicle" mit Recht darauf hin, daß der Sterlingsmarkt in New York nicht mehr natürlich sei, sondern ganz willkürlich und souverän vom britischen Fiskalagenten Morgan beherrscht werde. Was durch Kreditaufnahme und durch Wertpapierverkäufe nicht möglich war, das wurde mit Goldverschiffungen bewerkstelligt. Die Bank von England hatte schon bei Kriegsbeginn in Ottawa eine Art Goldzweigstelle errichtet, die zunächst gespeist wurde aus jenem Gold, das Amerika damals an England hatte abtreten müssen, dann aber aus europäischen Verschiffungen verstärkt wurde, die mehr und mehr französisches, italienisches und russisches Gold enthielten. Allein in den 20 Monaten von Anfang 1915 bis 1. Dezember 1916 strömten Dollar 1062 Mill. Gold nach den Vereinigten Staaten

Neben jenen drei Hauptmitteln zur Aufrechterhaltung der Währung hat England um die Mitte des Jahres 1916 zwei weitere, allerdings zweischneidige Hilfsmaßnahmen herangezogen, nämlich die Erhöhung des offiziellen Diskontsatzes auf 6 Prozent und die gleichzeitige Ausgabe 6 prozentiger kurzfristiger Schatzscheine. Beides sollte amerikanisches Geld nach England ziehen und hat es wohl auch getan. Diese Maßnahmen brachten aber recht unangenehme Begleiterscheinungen mit sich. Die Ausgabe von 6 prozentigen Schatzscheinen für England bedeutete nämlich für das klassische Land des billigen Geldes ein Eingeständnis großer Not und war nichts anderes als der Vorläufer der inzwischen ausgegebenen mit rund $5^1/_2$ Prozent rentierenden neuen Anleihe; und der Diskontsatz von 6 Prozent mußte in dem Augenblick aufgegeben werden, in dem diese neue Anleihe zur Ausgabe gelangte.

Nun sind allerdings die zur Aufrechterhaltung des Wechselkurses unternommenen englischen Maßnahmen außerordentlich erleichtert worden durch zwei Umstände. Erstens hat England einen viel **größeren Kredit** im neutralen Auslande, weil es als Großkäufer auftrat und erklärte, nur unter entsprechender Kreditgewährung kaufen zu können und weil es durch seinen geschickten Verleumdungsfeldzug sich sehr viel Sympathien zu verschaffen wußte. Außerdem aber ist, im Gegensatz zu Deutschland, Großbritannien ein Land, das einen sehr ansehnlichen Teil seines Volksvermögens in ausländischen Wertpapieren, also in **jederzeit verwertbaren Formen** angelegt hat. Als Beleg für diese Behauptung sei nur auf die Emissionsstatistik beider Länder hingewiesen.

**Englands Emissionen**

in Millionen Mark (nach dem „Economist").

| | 1910 | 1911 | 1912 | 1913 |
|---|---|---|---|---|
| Insgesamt . . . . . . . . | 5349 | 3835 | 4217 | 3940 |
| Davon Ausland und Kolonien . | 4140 | 3312 | 3530 | 3212 |
| In Prozent . . . . . . . . | 77% | 87% | 79% | 80% |

**Deutschlands Emissionen**

in Millionen Mark (nach der „Frankfurter Zeitung").

| | 1910 | 1911 | 1912 | 1913 |
|---|---|---|---|---|
| Insgesamt . . . . . . . . | 2613 | 2543 | 2596 | 2494 |
| Davon Ausland . . . . . . | 410 | 719 | 331 | 651 |
| In Prozent . . . . . . . | 15% | 28% | 11% | 27% |

In Deutschland sind seit 1895 bis zu 95 Prozent des verfügbaren Kapitals in der heimischen Industrie und vor allem auch in der Landwirtschaft angelegt worden, während umgekehrt in England bis zu 87 Prozent in das Ausland gesandt wurden. Wenn man den Vergleich des täglichen Lebens anwenden will, so gleicht England bei Kriegsausbruch einem reichen Bankier, der mit möglichster Risikoverteilung Wertpapiere aus allen Ländern der Welt in seinem Kasseschrank liegen hat, die jederzeit abzustoßen sind, während Deutschland einem Industriellen ähnelt, der jeden neuverdienten Pfennig wieder in seine Fabrik hineinsteckt. Dementsprechend also hat sich in der Bezahlung der Auslandsverpflichtungen England von vornherein außerordentlich leicht getan, wobei allerdings das dicke Ende nachkommen wird. Denn gerade diese scheinbare Leichtigkeit verführt zu einer **Verschwendung**, wie sie die **Weltgeschichte** noch **kaum gesehen** hat.

In der Zeit, in der Deutschland, der Not gehorchend, den allergrößten Teil seines Kriegsbedarfs selbst herstellte, hat England, verführt von dieser Leichtigkeit, einen seiner Effektenbündel nach dem anderen den Amerikanern hinübergesandt und heute ist man längst von der ursprünglich gewollten Beschränkung auf amerikanische Werte abgekommen; schon seit geraumer Zeit sind in das Verzeichnis der wünschenswerten Effekten, Kolonialwerte, wie die bis jetzt so eifersüchtig gehüteten Aktien der Canadian Pacific Bahn, aufgenommen worden; ja noch mehr: bei der vorletzten in Amerika aufgenommenen Anleihe wurden sogar englische Bahnwerte mit als Pfand eingereicht! Daß hier, wenn vielleicht auch nicht ein katastrophales Ende, so doch eine auf viele Jahrzehnte für Englands finanzielle Machtstellung schwer verhängnisvolle Operation vor sich geht, nämlich der Verlust dieses wertvollsten Besitzes des englischen Nationalvermögens, liegt auf der Hand. Tatsächlich ähnelt in diesem Punkte die englische Finanzgebarung bedenklich Gottfried Kellers grünem Heinrich, der aus der Schatulle seiner Mutter einen Dukaten nach dem anderen heimlich herausnimmt, um dann mit Schrecken eines Tages zu entdecken, daß der Kasten leer ist!

Zu berücksichtigen ist bei einem Vergleich des Einflusses der Devisenbewegung zwischen den Ententeländern und Deutschland, daß für uns die Valutaverschlechterung unvergleichlich unwichtiger ist als etwa für England, weil wir verhältnismäßig geringe, jene Länder aber ganz gewaltige Importe zu bezahlen haben. Man kann wohl sagen, daß ein Rückgang des Sterlingswechsels um 3 Prozent den Engländern mehr kostet als ein 30prozentiger den Deutschen — wenigstens für die Dauer des Krieges.

### 2. Frankreich.

Weniger günstig als England schnitt Frankreich in bezug auf seine Devisenkurse ab. Für die französische Republik hat die die Wechselkurse bestimmende Zahlungsbilanz natürlich ebenfalls einschneidende Veränderungen erfahren: die Ausfuhr ist stark zurückgegangen, während die Einfuhr empfindlich stieg. Die nachfolgenden offiziellen Ziffern deuten das auch nur sehr lückenhaft an, da die Ziffern der Einfuhr viel zu niedrig angesetzt sind. Die Zollverwaltung hat nämlich noch 1916 die Warenpreise der Einfuhr nach den Tarifen von 1914 berechnet. Um ein annähernd genaues Bild zu gewinnen, muß man nach dem „Figaro“ den Wert der **eingeführten** Waren um 90 Prozent, den der **ausgeführten** nur um 50 Prozent erhöhen. Der tatsächliche Überschuß der Einfuhr beläuft sich also für 1916 auf rund 13½ Milliarden Franken!

**Frankreichs Außenhandel**
(in Millionen Franken).

| | 1913 | 1914 | 1915 | 1916 |
|---|---|---|---|---|
| Einfuhr . . . . . . . . . . . | 8400 | 6400 | 8100 | 10000* |
| Ausfuhr . . . . . . . . . . . | 6900 | 4900 | 3000 | 3350* |
| Einfuhrüberschuß . . . . . . . | 1500 | 1500 | 5100 | 6650* |

* Geschätzt auf Grund der amtlichen Ziffern für Januar/Oktober.

Zu den ungünstigen Momenten der Handelsbilanz kam dann das Fehlen der russischen Rimessen. Frankreich hat einen Besitz von 20 Milliarden Franken russischer Staatspapiere, für die das Land als solches keine Zinsen erhält. Dem einzelnen Besitzer werden sie durch die Bank von Frankreich einstweilen vorgelegt. Sehr empfindlich muß sich für das Land die Lahmlegung des **Fremdenverkehrs** fühlbar machen. Bekanntlich lebt Paris zum großen Teil von den zurzeit naturgemäß fernbleibenden reichen Ausländern. Schließlich hat namentlich im ersten Kriegsjahr die damals noch sehr scharf auftretende **südamerikanische Krisis** starke Ausfälle an Zinseneingängen gebracht.

Frankreich nun hat zu ähnlichen Maßnahmen gegriffen wie England, allerdings in weniger rücksichtsloser Form und in kleinerem Maßstabe. Nur in **einem** Punkt dürfte es sich bei Frankreich um größere Summen handeln als bei England: bei der Goldausfuhr. Ein Blick auf den Ausweis der französischen Notenbank zeigt, daß bei dem nominellen Goldbestand von 5121 Millionen Franken heute (25. Januar 1917) nicht weniger als 1794 Millionen, also über ein Drittel als im Ausland liegend verzeichnet sind. Man wird wohl nicht fehlgehen, wenn man annimmt, daß daneben noch erhebliche weitere Posten über die Grenze geflossen sind. Die Kreditaufnahme im Ausland setzt sich zusammen aus Darlehen in neutralen Ländern und solchen bei dem Bundesgenossen England. Die ersteren sind zum großen Teil bekannt geworden. Es handelt sich dabei zunächst um die

Hälfte der bekannten anglo-französischen Anleihe vom Oktober 1915, die noch ohne Spezialsicherheit erfolgte; ferner um 85 Mill. Doll. verschiedene kleinere Darlehen. Dazu trat im Juli 1916 eine 5prozentige gegen Hingabe von neutralen Effekten gewährte Anleihe von 100 Mill. Dollar und im Oktober vorigen Jahres ein Kredit auf ebenfalls 100 Millionen, der von einer Reihe amerikanischer Banken an eine große Anzahl französischer Firmen auf fünfviertel Jahre gewährt wurde. Schließlich haben um dieselbe Zeit die Städte Paris, Lyon, Marseille und Bordeaux zusammen 110 Mill. Doll. Kredit gegen Hinterlegung französischer Schatzscheine von der Firma Kuhn, Loeb & Co. in New York angeblich für rein kommunale Zwecke erhalten, in Wahrheit aber selbstverständlich zur Stützung der Valuta. Das sind zusammen 650 Mill. Dollar, also über $3^1/_4$ Milliarden Franken. Daß daneben auch noch recht ansehnliche Posten französischer Kriegsanleihe von Freunden Frankreichs im neutralen Ausland gekauft wurden, ist feststehend. Was die Engländer ihren französischen Freunden geliehen haben, ist bis heute Geheimnis.

Der Verkauf von neutralen Wertpapieren war für Frankreich schwieriger und geringer als bei England, weil Frankreich in der Wahl seiner Kapitalsanlagen seit langem keine gute Hand gehabt hat und sich in den Gewölben der Pariser Großbanken unverhältnismäßig viel unverkäufliche Papiere befinden. Immerhin kam es zu ansehnlichen Verschiffungen und, was vor allem zu betonen ist, die Verkäufe geschahen im Gegensatz zu Deutschland nicht in kleinen, verzettelten Posten, sondern nach großen einheitlichen Gesichtspunkten. Es wurden wiederholt, wie in dem Fall der Pennsylvania- oder der St. Louis und San Francisco-Bahn sämtliche zur Pariser Börse zugelassenen Effekten von Staatswegen aufgekauft und einheitlich in New York verwertet. Zum Teil dienten die so erhaltenen Effekten als Unterlage für die ebenerwähnten größeren Anleihen.

Alles in allem kann man sagen, daß sich der französische Wechselkurs, der lange Zeit eine ganz ähnliche ungünstige Bewegung wie der deutsche eingeschlagen hatte und beispielsweise in New York, wie aus unserer Zeichnung ersichtlich, im April vorigen Jahres mit einem Disagio von 17 bis 18 Prozent damals sogar ungünstiger als der deutsche stand, neuerdings durch eine zielbewußte Politik, an der wohl das Haus Morgan wiederum nicht unbeteiligt ist, unter Berücksichtigung aller Umstände verhältnismäßig leidlich gehalten hat.

Die Entwicklung der französischen Devise im Krieg ergibt sich aus der nachfolgenden Zeichnung.

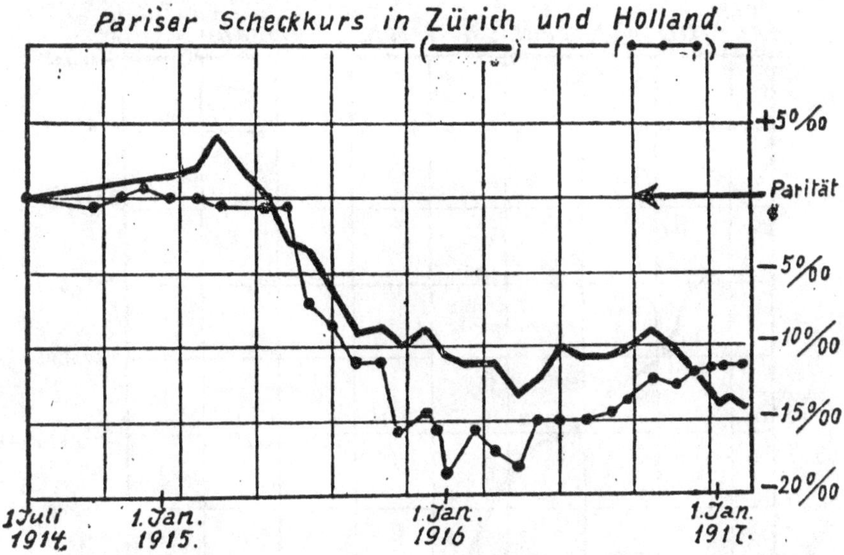


## 3. Österreich-Ungarn.

Das kriegführende Land, das in bezug auf seine Valutiaentwertung die schlechtesten Erfahrungen hat machen müssen, ist leider unser Bundesgenosse Österreich-Ungarn. Wie unsere Zeichnung zeigt, sank beispielsweise in der Schweiz die österreichische Valuta zeitweise um $52^1/_2$ Proz. unter ihren normalen Stand. Die Gründe sind darin zu suchen, daß Österreich-Ungarn zunächst mit allen jenen ungünstigen Umständen hat rechnen müssen, die wir bei Deutschland später kennen lernten. Daneben aber ist die Doppelmonarchie ein in bezug auf mobiles Kapital besonders armes Land. Zweifellos hat auch der Umstand, daß die Österreichisch-ungarische Bank als einzige seit Kriegsbeginn keinerlei Ausweis mehr veröffentlicht, dem Vertrauen im Ausland nicht genützt. Auch die zeitweise schwierige militärische Lage hat hier mitgesprochen. Zu allem Überfluß aber wurde in Österreich-Ungarn noch viel mehr als in Deutschland eine große Zahl schwerer Fehler begangen. Die Einfuhr war noch weniger als in Deutschland behindert und erstreckte sich sogar bis in die allerjüngste Zeit auf notorisch überflüssige Dinge. Nirgends soll während des Krieges das Juweliergeschäft so gut gegangen sein wie in Wien. (Vergleiche im Schlußabschnitt die Bemerkungen über Diamanten und Perlen.) Auch eine durchgreifende Devisenzentralisierung, wie sie in Deutschland

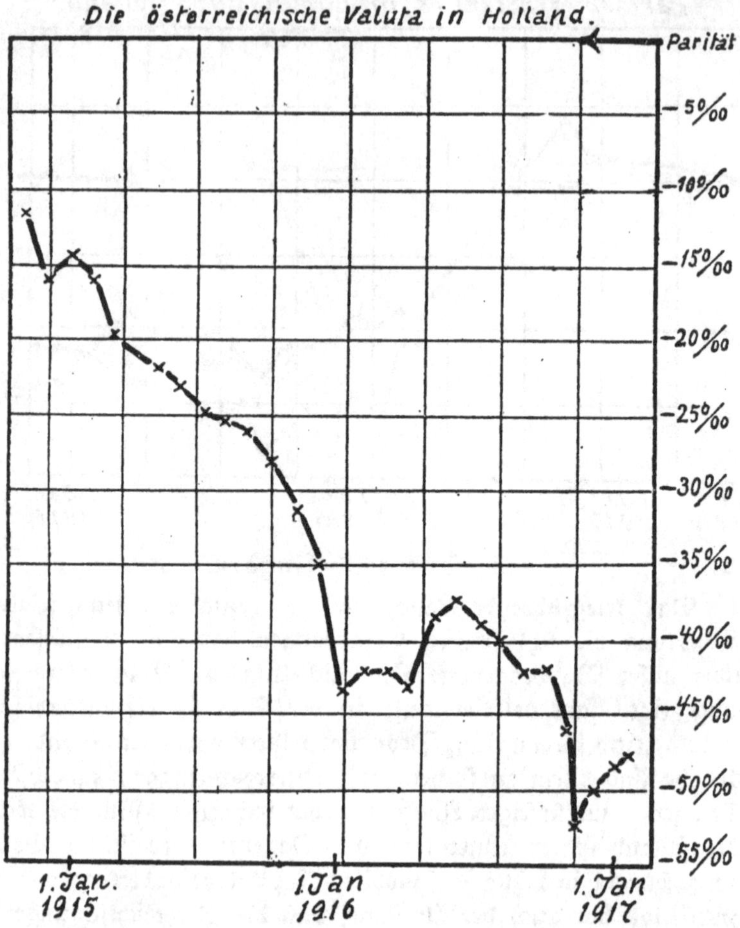


wenigstens nach anderthalb Kriegsjahren in Kraft trat, kennt Österreich erst seit wenigen Wochen. Man war in diesen Dingen eben zu gemütlich. Daß auch bei den ungewöhnlich schwierigen Verhältnissen Österreich-Ungarns durch eine wirklich radikale Organisation sehr viel gutgemacht werden kann, beweist die Bewegung der Devisen seit Anfang dieses Jahres, seitdem man in der Donaumonarchie endlich strenge Verbote für die Einfuhr erlassen und gleichzeitig eine straffe Beaufsichtigung und Zentralisierung des Devisengeschäfts durchgeführt hat.

## 4. Rußland.

Rußland hat mit Österreich-Ungarn in manchen Epochen des Krieges um die zweifelhafte Ehre, die schlechtesten Valutaverhältnisse zu haben, gestritten. Man wird auch da gerechterweise nicht überrascht sein dürfen, denn gerade Rußland ist in normalen Zeiten nur dadurch in der Lage, seine Forderungsbilanz auszugleichen, daß es mehr ausführt als einführt. Jetzt im Kriege mußte das Gegenteil eintreten, wie die nachfolgende Tabelle zeigt, die wir mit der gerade bei Rußland gebotenen Skepsis nach den amtlichen Ziffern berechnet haben.

**Der russische Außenhandel**
(in Millionen Rubel)

| | 1913 | 1914 | 1915 | 1916 |
|---|---|---|---|---|
| Einfuhr . . . . . . . . . . . | 1374 | 1098 | 1114 | 2200* |
| Ausfuhr . . . . . . . . . . . | 1520 | 956 | 397 | 600* |
| Ausfuhr (+) bzw. Einfuhr- (—) Überschuß . . . . . . . . . | +146 | —142 | —717 | —1600* |

* Geschätzt auf Grund der Angaben für die ersten 9 Monate.

Vor allem ist die Schließung der Dardanellen und der Ausfall des großen Nachbars Deutschland als Käufer hier zu verspüren gewesen. Umgekehrt konnte gerade Rußland nur einen ganz bescheidenen Teil seines Waffen- und Munitionsbedarfs in den eigenen Werkstätten decken. Zum Ausgleich dieses Ausfalls standen aber Rußland im Gegensatz zu Österreich-Ungarn sehr ansehnliche Hilfsmittel zur Verfügung. So hat vor allem Rußland in unvergleichlich größerem Umfange als etwa Österreich-Ungarn *gewaltige Kredite* bei seinen Allierten eingeräumt bekommen. Das geschah namentlich durch England. Frankreich wiederum half dadurch, daß es auf den Zinseneingang für die russischen Staatspapiere verzichtete und diese durch die Bank von Frankreich vorstrecken ließ. Auch Amerika ist in den verschiedensten Formen als Retter in der Not durch Vorschüsse aufgetreten. (Bis Ende 1916: Dollars 110 Millionen.) Schließlich kam es Rußland zustatten, daß es seit langem gewaltige Goldvorräte aufgespeichert hatte, von denen nun ein recht ansehnlicher Teil an England abgegeben werden konnte, wie ein Blick auf die Ausweise der Staatsbank zeigt.

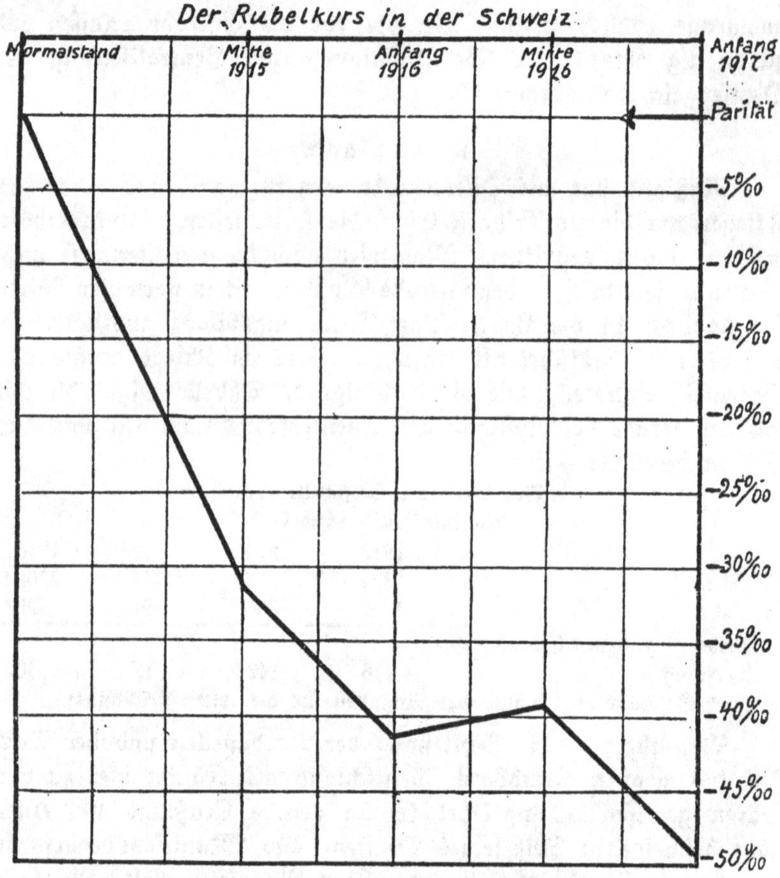


## 5. Italien.

Schließlich noch ein Wort über Italien. Italien ist neben Rußland derjenige Ententestaat, der die größte Valutaentwertung zu beklagen hat. Hier kommt als Ursache neben der gründlichen Verschiebung des Außenhandels vor allem das Fehlen des Fremdenverkehrs in Frage, weiter aber fielen zum ansehnlichen Teil jene Summen weg, welche in friedlichen Zeiten die nach Amerika gehenden Saisonarbeiter in ihre Heimat sandten. Nur in ungenügendem Maße konnten die Vorschüsse Englands einen Ausgleich schaffen, so gewaltig sie mit schätzungsweise 3 Milliarden Lire bis Ende 1916 auch sein mögen. Gerade in den letzten Januartagen ist die italienische Valuta schlimmer noch als irgend eine andere einem fortwährenden Entwertungsprozeß ausgesetzt gewesen, wie das die nachfolgende Zeichnung andeutet.

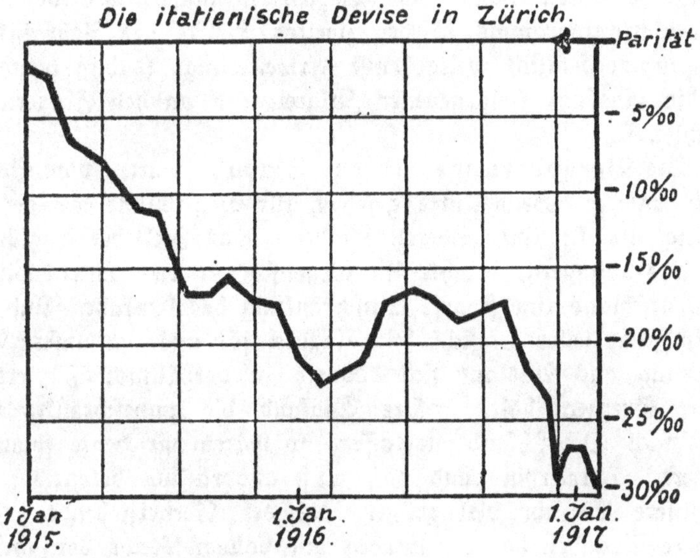


## 6. Die Kursbewegung der deutschen Devisen.

### a) Wirtschaftliche Faktoren.

Nachdem wir im vorangehenden Kapitel über die Devisen der anderen europäischen Großstaaten gesprochen haben, kommen wir jetzt zu dem, was uns am nächsten liegt, zu Deutschland. Die Bewegung des Markwechsels im Ausland ist für uns sehr unbefriedigend und bedauerlich. Die Entwertung ging zwar nicht so weit wie bei Österreich-Ungarn oder Rußland, aber das ist nur ein geringer Trost. Die Hauptgründe für diese Entwicklung sind nach dem, was bisher von den anderen Ländern gesagt wurde, nicht schwer zu erkennen. Noch mehr als bei den anderen kriegführenden Ländern beobachten wir einen ungewöhnlichen Rückgang der Ausfuhr. Denn neben der bei allen Ländern zu beobachtenden Einschränkung der Produktion fällt für das Deutsche Reich noch die englische Blockade, die uns von Übersee völlig abschnitt, ins Gewicht, ferner aber seit den ersten Kriegstagen Ausfuhrverbote, die zunächst verhüten sollten, unseren Feinden deutsche, für die Kriegführung verwendbare Fabrikate zu liefern. Ausfuhrverbote, die zum Teil vom militärischen Standpunkt verständlich, zum Teil aber auch auf die Dauer recht überflüssig waren. Diese Ausfuhrverbote erfuhren dann als Begleiterscheinung des bekannten Hindenburgprogramms in der zweiten Hälfte des Jahres 1916 eine außerordentlich weitgehende Erweiterung, so daß heute die für die Ausfuhr freigegebenen Waren fast an den Fingern abzuzählen sind.

Die Veränderungen in der Einfuhr waren, vom Standpunkt unserer Wechselkurse gesehen, für Deutschland weniger ungünstig als für die anderen Länder. Das Ziel der Engländer, uns auszuhungern, brachte im Gegensatz zu den Ententeländern in Deutschland eine scharfe Einschränkung der Einfuhr. Und das ist in finanzieller Hinsicht kein Unglück für uns, da unsere Verschuldung ans Ausland sich dadurch in verhältnismäßig erträglichen Grenzen hält. Hätte England die unbeschränkte Einfuhr nach Deutschland zugelassen, so wären wir heute finanziell ruiniert. Immerhin, und daß muß ausdrücklich betont werden, ist unsere Einfuhr viel größer, als der Fernerstehende meint. Nähere Angaben darüber werden mit vollem Recht von unserer Regierung nicht veröffentlicht. Wer aber etwa einen Blick auf die Schiffsbewegungen in der Ostsee wirft, wird unsere Behauptung sicher verstehen.

Während nun im Frieden der aus der Warenbewegung entstehende Schuldensaldo von uns gedeckt werden konnte durch unsere Verdienste aus der internationalen Schiffahrt, weiter aber aus den Zinseneingängen unserer ausländischen Wertpapiere, ist das jetzt anders geworden. Unsere großen Überseedampfer liegen teilweise in unseren oder neutralen Häfen fest oder sind gar von den Feinden in Benutzung genommen worden, und von unseren ausländischen Wertpapieren ist ein nicht geringer Prozentsatz in London durch die Mängel unserer Gesetzgebung hinterlegt. Ein weiterer Prozentsatz trägt, da es sich um feindliche Papiere handelt, zurzeit für uns keine Zinsen.

Unseren Feinden standen drei Mittel zur Verteidigung ihrer Valuta zur Verfügung: Wertpapierausfuhr, Darlehensaufnahme und Goldversandt. Auch Deutschland hat zu diesen Maßnahmen gegriffen, indessen konnte das aus verschiedenen Gründen nur in bescheidenem Umfange geschehen.

Um mit den ausländischen Wertpapieren zu beginnen, so ist

der deutsche Besitz, gemessen an dem englischen, sehr gering und zwar deshalb, weil, wie in dem Abschnitt über England gezeigt wurde, Deutschland nur einen bescheidenen Teil seines Volksvermögens auf diese Weise angelegt hat. Immerhin dürften reichlich vierfünftel Milliarden Mark ins Ausland geflossen sein.

Eine Aufnahme von Darlehen war für uns bei dem zeitweise äußerst zugespitzten Verhältnis zum Hauptkriegsbankier Amerika in großem Umfange unmöglich, ist vielleicht auch aus guten Gründen nicht gar zu sehr forciert worden. Trotzdem sind Kredite im Ausland aufgenommen worden. Darunter befinden sich aber verhältnismäßig wenig große Darlehen. In Amerika ist offiziell nur von einem Darlehen von 10 Mill. Doll., das zudem recht kurzfristig war, die Rede gewesen, wie es sich denn überhaupt meistens um kurzfristige Darlehen handelte, was sich im Laufe des Krieges als geradezu verhängnisvoll für unsere Valuta erwies. In der Annahme nämlich, daß der Krieg von verhältnismäßig kurzer Dauer sein würde, haben zahlreiche Bankiers bei Geschäftsfreunden, vor allem in Holland und der Schweiz, teilweise auch in Skandinavien, auf einige Monate Darlehen abgeschlossen, die dann bei ihrer Fälligkeit besonders in dem Falle große Unbequemlichkeit verursachten, wenn ihre Verlängerung abgelehnt wurde.

Die Goldausfuhren schließlich, die ebenfalls größer sind, als der Außenstehende meinen sollte, waren immerhin begrenzt durch die Verfassung unserer Reichsbank, die für den Notenumlauf vorschreibt, daß ein Drittel der umlaufenden Noten entweder durch Metall oder durch gleichwertige Geldzeichen gedeckt sein soll. Aus Gründen des Prestige wollte man daran festhalten, daß in dieser Dritteldeckung das Gold einen möglichst großen Raum einnehme. Warum unser Notenumlauf so außerordentlich groß ist, soll später gesagt werden.

### b) Technische und psychologische Faktoren.

Neben jenen, man möchte sagen grundlegenden und rein wirtschaftlichen Einflüssen auf die Devisenbewegung, kommen noch einige mehr technischen Gründe für den Rückgang der deutschen Valuta in Betracht. Diese sind aber in ihren Folgen zum Teil nicht unwichtiger als jene großen. Hierher gehört vor allem das freie Spiel der Kräfte, das Deutschland statt der Organisation auf diesem Gebiet lange, viel zu lange, hat walten lassen im Gegensatz zum geschickten Vorgehen Englands. Da nämlich der gesamte Devisenverkehr sich zunächst ohne irgendwelche Beaufsichtigung oder Zentralisierung einfach in der Weise vollzog, daß jeder, der ins Ausland zahlen wollte oder mußte, auf dem Markt als Käufer auftrat, so kam es vor, daß gerade in recht ungeeigneten Momenten plötzlich ein krasses Mißverhältnis zwischen Angebot und Nachfrage sich herausstellte und die Kurse scharf zurückgehen ließ. Oder aber es kam vor, daß an gewissen Tagen, ohne daß einer es vom anderen wußte, eine ganze Reihe großer Institute verhältnismäßig große Fälligkeiten im Auslande zahlen mußten und die betreffenden Unternehmungen sich gegenseitig auf der Suche nach ausländischen Zahlungsmitteln die Preise verdarben. Ein anderer technischer Mangel bestand darin, daß kunderbunt einmal ins Ausland in deutscher Währung, das andere Mal in der Währung des betreffenden Landes bezahlt wurde. Hier kann unter Umständen die Willkürlichkeit schwere Mängel hervorrufen. Wenn beispielsweise in das Ausland ausschließlich in der Währung des betreffenden Landes Ware gesandt wird, andererseits aber die Bezahlung dorthin vorwiegend in deutscher Währung erfolgt, so muß sich schließlich auf jenem Auslandsmarkte ein **Überangebot an deutschen Banknoten** herausstellen, die dann gewissermaßen wie sauer Bier ausgeboten werden. Gerade dieser Punkt hat nun in den letzten Monaten eine sehr große Rolle gespielt, wovon später noch die Rede sein soll.

Schließlich spielen eine sehr große Rolle die **psychologischen Momente**: Angst, Mißtrauen, Antipathie und Sympathie, sind Dinge, die auf dem Devisenmarkt mit seinen sonst so äußerst feinen Schwankungen mit dem bloßen Auge zu beobachten sind. Man betrachte z. B. die Bewegung der deutschen Reichsmark in New York in den Tagen um das Friedensangebot herum, wie es aus der nebenstehenden kleinen Skizze hervorgeht.

Danach ist der Kurs der Reichsmark in New York von einem Tiefstand von rund $65^1/_2$ am 11. Dezember, am 21. Dezember, dem Erscheinen der Wilsonschen Note auf $75^1/_2$ hinaufgeschnellt, das ist eine Besserung um ungefähr 13 Prozent, um dann auf das einstweilige Scheitern der Bemühungen bald wieder einen Stand von $66^1/_2$ zu erreichen. Ähnliche Vorgänge waren während des Krieges wiederholt zu beobachten. So hat die erstmalige

Der Einfluss des Friedensangebotes auf den Markkurs in New York.

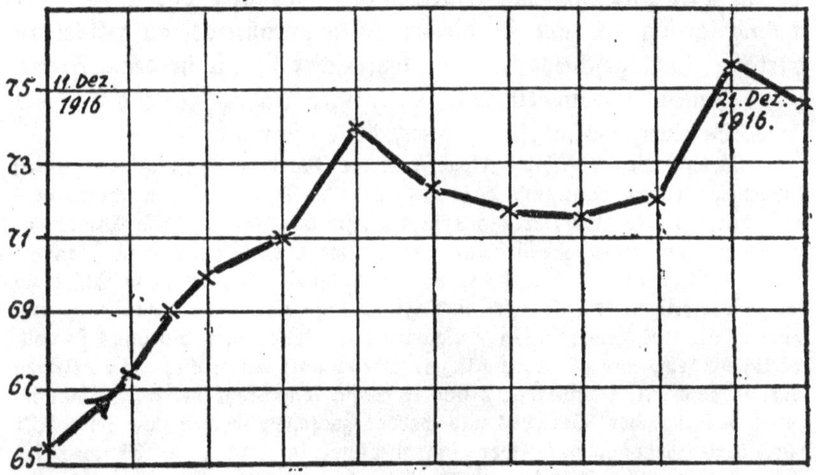


Ankunft der „Deutschland" ebenfalls eine prozentweise Besserung des Devisenkurses gebracht.

Daß der Zweifel an der Kreditfähigkeit eines Landes den Kurs der Devise beeinflussen kann, ist nur zu natürlich, denn der Käufer ausländischer Wechsel muß sich ja die Frage vorlegen, was das betreffende Land rein währungstechnisch für seine Auslandsforderungen an wirklichen Werten zu bieten vermag. Indessen wäre nichts verkehrter aus ungünstigen Wechselkursen, gerade in aufgeregten Zeiten auf ungünstige Kreditverhältnisse zu schließen.

Der beste Beweis, daß die Bewertung der Valuta keineswegs ausschließlich oder auch nur ausschlaggebend von der Bewertung des Kredits eines Landes abhängen muß, ist das Verhältnis der deutschen und der türkischen Währung. Es bedarf wohl keines längeren Nachweises, daß der Kredit des Deutschen Reiches zum mindesten nicht schlechter ist als der der Türkei, und trotzdem notiert seit geraumer Zeit das türkische Pfund in Deutschland mit einem außerordentlich hohen Agio. Das normale Verhältnis zwischen dem türkischen Pfund und der Mark ist rund 18 zu 1. Statt dessen werden augenblicklich (Ende Januar 1917) für das türkische Pfund 20,90 Mark bezahlt; vorübergehend war der Preis noch erheblich höher. Dabei begeht man keine Indiskretion, wenn man erwähnt, daß die Türkei in weitestgehendem

Maße seit zwei Jahren auf den deutschen Kredit angewiesen ist. Es ist also hier ein Widerspruch sondergleichen vorhanden, der wichtig genug ist, um in diesem Zusammenhange aufgeklärt zu werden. Das geschieht in recht lehrreicher Form in der „Frankfurter Zeitung" vom 10. August vorigen Jahres, aus der Feder ihres Berliner r-Korrespondenten; dieser schreibt:

„Orientreisende führen Klage, daß die Mark in Konstantinopel einen starken Unterwert zeigt und daß das türkische Pfund in Deutschland eine fast ebenso starke Überwertung erfährt. In der Tat ist diese Disparität, die Ende Juni einen Höchststand erreicht hatte, trotz einer inzwischen erfolgten Abschwächung auch heute noch recht groß. Das muß in Ansehung der beiderseitigen Wirtschafts- und Finanzlage natürlich überraschen, umsomehr, als beispielsweise in Bulgarien die Reichsmark durchaus so vollwertig umgeht, wie es der amtlichen Börsennotiz entspricht; unsere kleinen Scheine von Mk. 1 und Mk. 2 sind in Sofia sogar sehr beliebte Zahlungsmittel des täglichen Verkehrs und werden zu festen Kursen von Lewa 1,25 bzw. 2,50 genommen. Über die merkwürdige, zuweilen 35prozentige Spannung zwischen Pfund und Mark tauchen nun Vermutungen auf; vereinzelt möchte man sogar bankgeschäftlichen Eigennutz für die Überwertung des türkischen Pfundes bei uns verantwortlich machen. Aber maßgebende und sachverständige Stellen Berlins erklären entschieden und überzeugend eine solche Auffassung für gänzlich verkehrt. Seitens der deutschen Institute wurde bei der Ausführung von Devisenaufträgen im Gegenteil das Mögliche für die deutsche Valuta getan und durch geeignete Behandlung der Aufträge war es sogar gelungen, die von Februar bis Mai eingetretene Verminderung der unnatürlichen Spannung zu unterstützen; schließlich würden auch die Banken ganz von selbst durch das Vermögensinteresse ihrer Kunden und des Handels auf diesen Weg verwiesen. Die Erklärungen des ganzen Zustandes liegen, auch nach Ansicht eines alten Kenners der Türkei, durchaus im Natürlichen. Zunächst ist die Kursbildung des türkischen Pfundes bei uns all den Zufällen in höchstem Maße ausgesetzt, die ein unregelmäßiger und geringfügiger Verkehr in einer Nebendevise herbeiführen kann. Die Beträge von „Auszahlung Konstantinopel", die man hier im freien Markte handelt, und die Beträge, die türkische Wechsler in „Auszahlung Deutschland" umsetzen, sind sicher außerordentlich gering. Das führt zu markweisen Schwankungen oft von einem Tag zum andern.

Dazu kommt, daß Konstantinopel selbst Mangel an Zahlungsmitteln hat. Diese bedürfen, ähnlich wie in anderen kriegführenden Ländern, dauernder Vermehrung; schon die in entfernte Gebietsteile entsandten großen Truppenkörper entführen erhebliche Mengen. Der Verkehr hält also die Münzen und auch die Noten in verstärktem Maße fest, und dem steigenden Bedarf gegenüber konnte die kommissionsweise Anfertigung von Noten, die in Deutschland geschieht, nicht Schritt halten. Vor allem aber liegt bei unserem Verkehr in türkischen Pfunden die Initiative fast stets auf der Käuferseite. Türkische Pfunde sind nur gesucht und kaum angeboten, und diese Einseitigkeit entspricht dem Bilde, das der gegenseitige Handel beider Länder bietet. Deutschland bezieht nach Öffnung der Balkanstraße eine Reihe von hochwertigen türkischen Erzeugnissen im regelmäßigen Handelsverkehr und daher gegen Barzahlung. Die Bedürfnisse dagegen, die die Türkei bei uns zu decken hat, erstrecken sich kaum auf übliche Handelsware, sondern auf Kriegsbedarf, der dann zu allermeist nicht in bar, sondern durch Aufrechnung reguliert wird. Seit kurzem gehen durchschnittlich 200 beladene Eisenbahnwagen in der Woche aus Konstantinopel nach Deutschland ab, beladen zum Teil mit feinen Ölen, Wolle, Chromerzen, zu Zeiten auch Tabak usw. Die Einkaufskommission mußte mehrfach die Reichsmark in größeren Beträgen in Konstantinopel selbst veräußern, um sich für die Barbezahlung diejenigen Pfundbeträge zu verschaffen, die sie in Deutschland nicht erhalten konnte. Denn der Kommission oder etwa der Deutsch-Orientalischen Handelsgesellschaft in Bremen, die für den handelsmäßigen Import von Teppichen und Faserstoffen aus der Türkei hauptsächlich in Betracht kommt, steht es nicht an, bei den türkischen Verkäufern Kredit zu nehmen. Die türkischen Instanzen dagegen stützen sich bei ihren Bezügen aus Deutschland fast völlig auf die Benutzung vorhandener oder neuer Kredite.

Diese einseitige Passivität der Zahlungsbilanz bleibt während der gegenwärtigen Situation kaum vermeidbar; später wird sie sich entweder ins Gegenteil verkehren oder durch Umwandlung von schwebenden türkischen Krediten ihren Ausgleich finden. Infolge des Kriegs erhält der Zustand sodann noch unmittelbar Nahrung durch die Anwesenheit deutscher Mannschaften und Offiziere in den türkischen Garnisonen, Arsenalen und Fronten; die Leute erhalten zum Teil noch ihre Bezüge aus Deutschland. Selbstverständlich haben die Regierungen von Zeit zu Zeit diesen außergewöhnlichen Verhältnissen Rechnung zu tragen gesucht; die verschiedenen türkischen Notenausgaben dürften das Zahlungsgeschäft teils erleichtert haben, teils noch erleichtern sollen. Die türkische Finanzverwaltung wird aus einer neuen Notenemission von türk. Pfund 20,48 Millionen, welche sie auf Grund eines deutschen Gold-Schatzscheinvorschusses drucken läßt, einen Teilbetrag von türk. Pfund 5 Millionen in Konstantinopel der deutschen Regierung zur Verfügung stellen. Auf diese Weise ist es uns möglich, türkische Zahlungsmittel in einem Umfange zu erhalten, der einigermaßen den Ansprüchen der gegenseitigen Waffen- und Warenhilfe entspricht. Möglicherweise wurde diesmal eine etwas durchgreifendere Erleichterung in unserem Pfundmarkte vorbereitet. Allerdings besteht immer noch ein Nebenbedarf fort. Die fleißige Benutzung des Balkanzuges durch deutsche und österreichische Reisende und Amtspersonen hat Bedarf an türkischen Guthaben oder türkischem Gelde zur notwendigen Folge, und wiewohl nach den deutschen Devisen-Handelsvorschriften der einzelne Reisende nur mäßige Summen mitbekommt — für Mk. 1000 Auslandsgeld als Reisebedarf oder für höchstens Mk. 5000 Auslandsgeld für persönlichen Bedarf — so fallen doch die gehäuften Beträge gegenüber unserem schwach beschickten Pfundmarkte ins Gewicht.

Dazu kommt noch ein sehr wichtiger Unterschied: der straffen deutschen Devisenordnung steht eine völlige Ungebundenheit des türkischen

3*

Wechselverkehrs gegenüber.*) Der Handel drüben liegt weniger in den Händen von Ottomanen als in denen von griechischen und armenischen Kaufleuten. Erst unlängst wurde zum Schutze der verschiedenen Papiergeldsorten ein Gesetz notwendig; für das Papierpfund müssen die Geldwechsler nunmehr volle 100 Piaster gewähren, ein Agio auf Gold ist untersagt, die Erhebung von Wechslerkommissionen desgleichen. Aber die restlose Durchführung über das weite Land wird nicht leicht sein. Man sagt, die Türkei sei kein konzentrisches, homogenes Gebilde in dem Sinne wie Deutschland oder wie das oben zum Vergleich herangezogene Bulgarien, sondern ein gewaltiges, schwer zu uniformierendes geographisches Gebiet, dessen weit auseinanderliegende Wirtschaftsmittelpunkte unter abweichenden Verhältnissen arbeiten und daher auch in der Geldbehandlung Abweichungen zeigen. Auch wegen organisatorischer Mängel also ist zu bezweifeln, daß in Bälde ein dem inneren Werte der Valuten wirklich Rechnung tragender Kurs oder auch nur ein einigermaßen beständiges Verhältnis zwischen dem türkischen Pfund und der Reichsmark sich durchsetzen werde. Man braucht aber dem Mißverhältnis kein übermäßiges Gewicht beizulegen, oder eine ernstliche allgemeine Schädigung davon zu befürchten. Verständige türkische Kreise ziehen, wie versichert wird, nicht im entferntesten Schlüsse zuungunsten der deutschen Währung oder des deutschen Staatskredits. Niemand, abgesehen etwa von dem Kreise der Entente, hat Lust, sich dadurch lächerlich zu machen. Trotzdem kann es natürlich nur nützen, wenn unsere Privat- und Militärwelt nicht durch laienhaftes Verhalten bei Einkäufen die statistische Lage des Devisenmarktes unnötig verschärft. Einen ausschlaggebenden Einfluß haben freilich diese privaten Aufwendungen nach Ansicht dauernder Beobachter nicht geübt; er ging vielmehr von dem Großverkehr in Waren aus und von dessen Barregulierung durch uns im Gegensatz zu der Kreditregulierung durch unsere türkischen Freunde."

Ein zweiter Beweis, daß es auf den Kredit allein bei der Valutenbewertung nicht ankommt, ist der **Stand der Rubelnoten in Deutschland.** Zu einer Zeit nämlich, in der die Verbündeten Rußlands bereits die Währung ihres Bundesgenossen äußerst niedrig ansetzten, in der die Russen schon 30 bis 40 Prozent mehr in Rubel für das Pfund Sterling zahlen mußten, als in normalen Zeiten, wurden in Deutschland Rubelnoten häufig recht nahe an ihrem Friedenskurse, manchmal bereits darüber bezahlt und das, obwohl in Polen unter Zugrundelegung jener Unterwertung am internationalen Devisenmarkt der Umrechnungskurs auf Mark 1,60 gegenüber Mark 2,16 im Frieden festgesetzt worden war. Die Gründe dafür lagen und liegen zum Teil auch heute noch in dem tatsächlichen Bedarf für Rubelnoten im Grenzverkehr und in Polen. Nun war kein entsprechendes Angebot

*) Während der Drucklegung kommt die Meldung, daß auch in Konstantinopel der Devisenhandel zentralisiert wird.

da, Abgeber für Rubelnoten war nur Schweden, das aus Kenntnis der Lage heraus entsprechende Preise verlangte. Die Verhältnisse hatten sich an der Grenze derartig zugespitzt, daß man vor einiger Zeit (Mitte Januar 1917) den Umrechnungskurs von seither Mark 1,60 wieder auf 2,— Mark hinaufsetzen mußte. Von allgemeinem Interesse sind die dieser Festsetzung beigegebenen Ausführungen des Warschauer Verwaltungschefs.

„In den letzten Wochen hat eine sprunghafte Steigerung des Rubelkurses stattgefunden, die den Zusammenhang mit dem wirklichen Wert des Rubels verloren hat. Die Noten werden in Stockholm und Zürich unter Berücksichtigung des Disagios der Mark gegenüber dem Schweizer Frank und der schwedischen Krone ungefähr mit 1,80 Mk. bewertet. An der Londoner Börse gilt der Rubel im Verhältnis zur Mark Mk. 1,83, während in Warschau der Rubelkurs sich seit Anfang Januar auf einer Höhe von etwa Mk. 2,30 bewegt und dadurch sogar die Goldparität überschritten hat. Die deutsche Regierung hat unter diesen Umständen, einer Anregung polnischer Interessenten folgend, es für ihre Pflicht erachtet, der künstlichen Überwertung des russischen Rubels dadurch entgegenzutreten, daß sie allen Rubelschuldnern das Recht zugesteht, ihre Verpflichtungen in der durch die polnische Landesdarlehnskasse eingeführten polnischen Landesvaluta zum Kurs von 1 Rubel gleich 2,16 Mark abzudecken. Die Darlehnskassenscheine der polnischen Landesdarlehnskasse sind bekanntlich vom Deutschen Reich garantiert. Eine polnische Mark wird gleich einer Reichsmark gerechnet. Der Gläubiger erhält somit die gleiche Summe, die ihm nach dem Friedensverhältnis beider Währungen zustehen würde. Da die Ausgabe der polnischen Landesdarlehnskassenscheine erst in etwa sechs Wochen erfolgen kann, ist den Schuldnern schon jetzt zugestanden worden, ihre Rubelverpflichtungen zum Kurse von Mk. 2,16 in deutscher Reichsmark an Stelle der polnischen Mark zu erfüllen.

Um weiter der durch die starke Nachfrage verursachten künstlichen Überwertung des Rubels entgegenzutreten, sind sämtliche Kommunalverbände und sonstige öffentlich-rechtliche Korporationen im Generalgouvernement Warschau angewiesen, bei Regelung ihrer finanziellen Verpflichtungen (z. B. Gehaltszahlungen, Lohnzahlungen, Ausgabe von Anleihen, Abschluß von Verträgen usw.) ausschließlich die polnische Markwährung zugrunde zu legen. Ebenso sind auch die neuen Haushaltsvoranschläge für das kommende Etatsjahr nur in polnischer Mark festzustellen. Bis zur Ausgabe der polnischen Darlehnskassenscheine tritt an die Stelle der polnischen Mark die deutsche Reichsmark.

Den Kassen der Kommunalverbände und anderer Korporationen des öffentlichen Rechts ist es verboten, russische Rubel zu einem höheren Kurse als Mk. 100 gleich Rbl. 46,30 in Zahlung zu nehmen. Die gleiche Verpflichtung gilt auch für die von den Kommunalverbänden eingerichteten Verkaufsstellen oder für die von den Kommunalverbänden mit dem Verkauf von Waren beauftragten Personen oder Organisationen.

Der Faktor der **Antipathie** und **Sympathie** spielt selbst bei so nüchtern denkenden Leuten wie bei den Devisenhändlern nud den hinter ihnen stehenden Banken mit. Es sei das an einem etwas paradox klingenden Beispiel erläutert: Die von der deutschen Regierung angeordnete Judenzählung hat, so seltsam das klingen mag, beispielsweise auf die Marknotierung in Holland einen nachweisbar ungünstigen Einfluß ausgeübt, indem nämlich dortige Bankiers alte Kredite in Deutschland gekündigt oder aber neue abgelehnt haben. Soweit sie das nicht aus eigener Initiative getan haben, wurden sie dazu von Sendboten der englischen Regierung veranlaßt. Die Gründe der Antipathie sind darin zu suchen, daß in diesem Falle Deutschland als ein reaktionäres Land verschrieen und hingestellt wird, dem irgendwelche Unterstützung zu geben der betreffende fortschrittlich gesinnte Ausländer ablehnt.

Ein weiterer technischer Grund für den Rückgang der Devisen war der **Mangel** jeglicher **kursausgleichender** und **kurskontrollierender Stelle** an den **Auslandsmärkten**. Es ist eine alte und auf der Hand liegende Börsenerfahrung, daß jeder Kurs, der sich selbst überlassen bleibt, zeitweise die tollsten Sprünge nach oben oder unten macht. Darum gehört es beispielsweise zu den ungeschriebenen Pflichten jeder Bankfirma, die neue Aktien an die Börse bringt, den Kurs des betreffenden Papiers ständig im Auge zu behalten, als Käufer einzuspringen, wenn Verkaufsaufträge vorliegen und zufällig kein anderer Käufer sich findet, umgekehrt aber bei allzu großer Nachfrage aus ihrem eigenen Bestande Aktien herzugeben. Diese intervenierende Tätigkeit hat, wie wir oben gesehen haben, England in geradezu glänzender Weise ausgebildet und daß auf diesem Gebiete andere Länder bereits vor dem Kriege großes Geschick gezeigt haben, lehrt das Beispiel Rußlands, das ständig, etwa in Berlin, den Rubelkurs durch seine Beauftragten mit gutem Erfolg überwachen ließ. Umgekehrt Deutschland. Immer wieder konnte man in der der deutschen Sache keineswegs freundlich gegenüberstehenden New Yorker „Financial Chronicle“ als Grund für den dortigen Rückgang der Reichsmark Bemerkungen lesen, wie sie etwa in der Nummer vom 11. November 1916 wie folgt lautet:

„Die Reichsmark neigte wieder zur Schwäche, hauptsächlich als Resultat des hartnäckigen Mangels an Unterstützung.“

Diese Bemerkung wird ergänzt durch die Versicherung sachverständiger Beobachter, daß der New Yorker Markt für deutsche Wechsel in der Regel so eng war, daß er durch die bescheidensten Mittel beeinflußt werden konnte. Wer diese Beeinflussung ausübt, läßt sich denken. Schließlich seien noch die rein spekulativen Beweggründe für den Devisenrückgang erwähnt. Auch hier sind wieder Tendenzen zu beobachten, wie bei jedem anderen Wertgegenstand, der börsenmäßig gehandelt wird. In dem Augenblick nämlich, in dem die Devise immer mehr zurückging, suchten einerseits alle jene, die Guthaben in Markwährung hatten, diese möglichst schnell zu verkaufen, um auf diese Weise wenigstens einen möglichst geringen Schaden zu haben; andererseits aber hielten diejenigen inländischen und ausländischen Händler, die Forderungen in ausländischer Währung hatten, mit deren Verkauf zurück, weil sie auf immer bessere Preise hoffen durften. Wenn also beispielsweise ein deutscher Bankier aus dem Verkauf von Wertpapieren nach Holland Guldenforderungen einzutreiben hatte, so wartete er damit möglichst lange, weil er auf Grund der Erfahrungen bei einem späteren Verkauf einen besseren Erlös erzielen konnte.

Scheck Berlin in Schweiz und Holland.

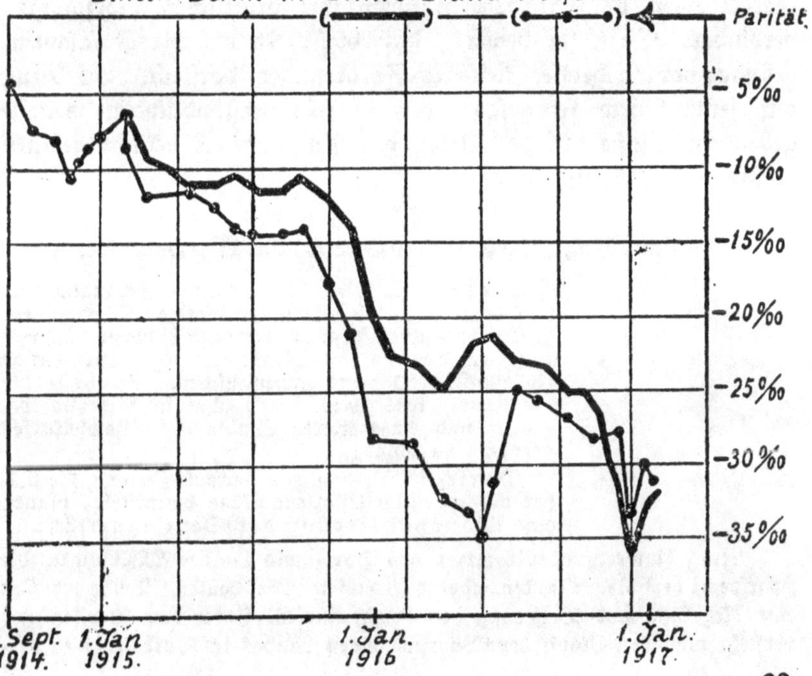

## Dritter Abschnitt.

# Der erste deutsche Besserungsversuch.

### Frühzeitige Vorschläge.

Das also waren im wesentlichen die Gründe, die gerade in den letzten Monaten des Jahres 1915 alle Gemüter beunruhigten, die damals, in der Zeit von Mitte Oktober bis in die ersten Januartage 1916 hinein in New York die Notierungen für die Reichsmark von 82⅝ auf 73¼ fallen, und in Holland den Markkurs gleichzeitig von rund 50 fl. für 100 auf 39,75 Mk. heruntergehen ließen, ein Kurs, wie er schlechter auch in der Zwischenzeit nicht mehr zu verzeichnen war. Es lag auf der Hand, daß hier etwas geschehen mußte. Die damalige Stimmung läßt sich vielleicht am besten aus einem Artikel der „Frankfurter Zeitung" im ersten Morgenblatt vom 16. Dezember 1915 erkennen, der die Forderungen nach aktivem Handeln mit praktischen Vorschlägen verbindet. Dazu sei bemerkt, daß dieser Artikel die Zusammenfassung vorangehender kleinerer Forderungen darstellt. In bezug auf seine Form sei gesagt, daß er selbstverständlich in weitestgehendem Maße auf das Urteil des Auslandes Rücksicht nehmen mußte. Der Artikel lautet:

### Auslandszahlungen und ausländische Wertpapiere.

London, 12. Dez. Das englische Schatzamt fordert dazu auf, ihm alle amerikanischen Wertpapiere ½ Prozent über dem Zinserträgnis dieser Papiere zu leihen, oder sie zum Marktkurse gegen 5prozentige einheimische Papiere umzutauschen. So hofft die Regierung ihre Munitionsbezüge in Amerika bezahlen und ein weiteres Sinken des Wechselkurses verhüten zu können.

Paris, 13. Dez. Die Agents de Change, die bisher ausschließlich Effektenumsätze vermitteln, planen eine Monopolisierung der Devisenumsätze.

Kurz hintereinander kommen aus Paris und London Meldungen, die zwar recht verschieden lauten, aber auf dasselbe Ziel deuten. Beide erhoffen eine Regelung und Besserung des Devisenkurses. Unter dem Devisenkurse versteht man den Stand der Währung eines Landes im Verhältnis zu derjenigen des anderen. In Friedenszeiten schwanken diese Wechselkurse in Ländern mit Goldwährung nur um ganz kleine Bruchteile. Wenn nämlich aus irgendwelchem Grunde der Wechselkurs eines Landes auch nur um 5 bis 7 Tausendstel von seinem Normalstande sich entfernt, so kommt der Augenblick, in dem es vorteilhafter ist, Zahlungen durch Goldversendungen anstatt durch Wechsel vorzunehmen. Diese Goldverschiffungen stellen dann in kurzer Zeit wieder normale Verhältnisse her. Im Kriege ist das anders. Die Goldverschiffungen kommen zum größten Teil in Wegfall, weil nicht nur die kriegführenden, sondern auch die meisten neutralen Länder ein ausdrückliches Verbot auf die Goldausfuhr gelegt haben. Dadurch werden die Wechselkurse ausschließlich beeinflußt von dem Stand der gegenseitigen Zahlungsverpflichtungen eines Landes mit dem Auslande. Da nun sämtliche kriegführenden Länder äußerst empfindliche Ausfälle in ihrer Ausfuhr erleiden, manche von ihnen, wie z. B. England, außerdem noch sehr viel mehr Waren einführen müssen als im Frieden, so leiden sie alle unter ungünstigen Wechselkursen. Der Grad der Abweichungen vom Normalen ist verschieden. Es hängt nicht nur ab von jenen Änderungen im Außenhandel, sondern vor allem auch von der Zahl und der Höhe der angewandten Hilfsmittel.

Wenn man von der beschränkten Goldausfuhr absieht, so sind es vor allem zwei Dinge, mit denen man den Fehlbetrag im internationalen Handelsverkehr ausgleichen kann: Aufnahme von ausländischen Anleihen und Versendung von Wertpapieren. Kein Land hat so stark zu diesen Hilfsmitteln gegriffen wie England. England hat, teilweise mit Frankreich zusammen, gewaltige Beträge in Amerika geliehen (vor allem die bekannte Ententeanleihe im Betrage von 2 Milliarden Mark, die zu 98 Prozent an den Markt kam und heute $93^3/_4$ steht), England hat weiter als der größte europäische Besitzer amerikanischer Wertpapiere viele Milliarden amerikanischer Wertpapiere — man spricht heute schon von über 7 Milliarden Mark — nach Amerika geschickt. Das geschah bisher ausschließlich im Wege des freien Verkehrs. Die englische Regierung steht aber jetzt auf dem Standpunkte, daß es besser wäre, wenn dieser Ausgleich von Staats wegen gemacht würde und zwar schon deshalb, weil man vermeiden will, was man bei der ersten Amerikaanleihe erfahren hat: man will gegen allzu drückende Bedingungen der Amerikaner dadurch geschützt sein, daß man ihnen künstlich ein Unterpfand in Form amerikanischer Wertpapiere anbietet. Daraus erklärt sich der oben mitgeteilte Entschluß Mc. Kennas. Er geht damit noch nicht so weit, wie manche englische Blätter wollen, die direkt von einer zwangsweisen Enteignung der in England befindlichen amerikanischen Wertpapiere sprechen; aber es ist nicht ausgeschlossen, daß die englische Regierung später noch zu diesem Hilfsmittel greift. Über eines ist man sich schon heute in England einig: die unbedingt notwendige Verwertung jener Nationalreserve darf nicht zersplittert vor sich gehen, sie muß organisiert und zentralisiert werden. Auf diese Weise hofft man einer allzu starken Entwertung der Valuta entgegenarbeiten zu können. In Frankreich greift man zu einem anderen Ausweg. Man scheint auch dort das Fehlen einer zentralen Stelle zu bedauern, an der sämtliche Bedürfnisse an Zahlungsmitteln für das Ausland angemeldet und befriedigt werden können, und darin einen der Gründe des empfindlichen Rückganges der französischen Valuta zu sehen. In Zukunft soll das halbamtliche Institut der Pariser Agents ae Change diese Zentralstelle bilden.

Wir glauben, daß man in **Deutschland** sowohl vom englischen wie vom französischen Plane etwas lernen kann. Auch in Deutschland macht sich der Mangel einer Organisation im Verkauf ausländischer Wertpapiere und im Devisenhandel sehr bemerkbar. Es wurden im Handelsteil unserer Zeitung bereits vor dem Bekanntwerden der französischen und englischen Pläne (Abendblatt vom 10. Dez. v. J.) dahingehende Vorschläge gemacht. Unsere Anregungen von damals sind, wie verschiedene Zuschriften zeigen, allgemein anerkannt worden, und weitere Anregungen sind aus unserem Leserkreise an uns herangetreten. Aus diesem Grunde möchten wir unsere damaligen Erwägungen in erweiterter Form heute wiederholen.

I. Der gesamte **Devisenverkehr** sollte von einer **Zentralstelle**, für die wir die Reichsbank am geeignetsten halten, unter entsprechender Heranziehung der privaten Bankinstitute einheitlich geleitet werden. Alle zur Verfügung stehenden Zahlungsmittel auf das Ausland sind bei dieser Sammelstelle anzubieten und die für Zahlungen erforderlich werdende bei dieser zu erwerben. Auf diese Weise könnte, wenn wünschenswert, auch die Berechtigung und Ursache jeglicher Zahlungsüberweisung an das Ausland geprüft werden. Es besteht nämlich in manchen Kreisen die Vermutung, daß das feindliche Ausland, namentlich England, durch indirekte Käufe die in Deutschland vorhandenen Zahlungsmittel für sich mit Beschlag belegt und dadurch unnatürlich die deutsche Valuta entwertet. Ob diese Vermutung richtig ist oder nicht, soll hier nicht untersucht werden. Weiter aber könnte auf diese Weise dagegen Vorsorge getroffen werden, daß jetzt gar manches ohne einheitliche Regelung aus dem Auslande bezogen wird, was lediglich unsere nationale Wirtschaft belastet, für unser Land aber überflüssig ist. Auch die von manchen Industriellen aus privatwirtschaftlichen Gründen vorgenommenen Vorbestellungen im Auslande (nach der „Times" angeblich 100 Millionen Dollars) könnten so kontrolliert und auf ihre volkswirtschaftliche Notwendigkeit angesehen werden. Ein weiterer Vorteil dieser Einrichtung wäre, daß man an maßgebender Stelle erkennen würde, wie notwendig jegliche Ausfuhrerleichterung ist, und feststellen würde, ob nicht häufig unberechtigterweise harmlose Exporte von der bureaukratischen Maschine verhindert werden.

II. Um einen Überblick über die in Deutschland vorhandenen Zahlungsmittel und Ausgleichsmöglichkeiten zu bekommen, sollte eine **Aufnahme sämtlicher** in Deutschland befindlichen **ausländischen Effekten** vorgenommen werden. Das könnte und sollte derart geschehen, daß unnötige Einblicke in die Verhältnisse des Privaten vermieden werden. Das Reich braucht zunächst nicht zu wissen, was jeder einzelne an ausländischen Wertpapieren besitzt; ihm muß es vorerst nur darauf ankommen, zu erfahren, wieviel insgesamt an derartigen Papieren in Privatbesitz ist. Man würde also beispielsweise die verschiedenen Banken beauftragen, die von ihnen verwalteten Papiere in einer Liste vollständig summarisch bekanntzugeben und außerdem ihre Kunden zu veranlassen, die in Safes vorhandenen Wertpapiere der Bank mitzuteilen, die dann an die Reichsstelle lediglich die Gesamtsumme getrennt nur nach großen Kategorien weitergeben würde. Dazu kommen dann noch diejenigen, die Wertpapiere in eigener Verwahrung haben. Eine derartige Bestandaufnahme ist selbstverständlich unvergleichlich leichter und schneller zu bewältigen als etwa die Feststellung der vorhandenen Kupfervorräte usw.

III. Steigerung der Wertpapierausfuhr. Schon heute sind große Beträge ausländischer Effekten über die Grenze gewandert und die Besitzer haben dabei meistens kein schlechtes Geschäft gemacht. Heute ist, infolge der Devisenkurse, noch viel mehr als je der Verkauf vieler ausländischer Effekten lohnend für den Besitzer. Es gibt eine ganze Anzahl, namentlich neutraler Papiere, die heute zu Kursen verkäuflich sind, die der Besitzer beim Erwerb sich nicht hätte träumen lassen. Die Banken und Zeitungen tun ihr möglichstes, um diese, im nationalen Interesse gelegene Bewegung zu unterstützen. Leider ist ihre Macht in dieser Beziehung sehr beschränkt. Namentlich gilt das für die Presse. Was helfen die schönsten Artikel, wenn es den Zeitungen verboten ist, durch ziffermäßige Belege das Publikum zu überzeugen, wie vorteilhaft ein Verkauf heute ist. Durch eine Bundesratsverordnung ist es nämlich den Zeitungen auf das strengste untersagt, Kurse zu nennen. Das mag in vielen Fällen sehr gut sein, weil dadurch eine ungesunde Spekulation vermieden wird. Soweit es sich auf ausländische Effekten bezieht, ist diese Maßnahme ein Unding und schadet nur dem Reiche. Die Regierung sollte, statt die Veröffentlichung von Kursblättern auf diesem Spezialgebiete zu verbieten, die Zeitungen direkt auffordern, diese Kurse so oft wie irgendmöglich bekannt zu geben. Dadurch würden erst viele Leute darauf aufmerksam gemacht, welche Gewinne sie erzielen können. Ferner würden viele die in manchen Kreisen verbreitete Angst verlieren, daß die Banken sie beim Verkauf derartiger Papiere übervorteilen, denn die Zeitungen würden dem Publikum jederzeit eine ausreichende Kontrolle ermöglichen. Das Publikum würde höchstwahrscheinlich sehr gern zum Verkauf schreiten, namentlich wenn ihm klar gemacht wird, daß der Verkauf nicht nur vorteilhaft, sondern auch im nationalen Interesse gelegen ist. Jene Kreise, die aus unberechtigten egoistischen Erwägungen, etwa aus dem Wunsche, nach wie vor eine gewisse Mischung in ihrem Vermögen zu besitzen oder in der vagen Hoffnung, daß ihre Gewinne beim Zuwarten später noch größer werden, von einem Verkauf absehen, sollten sich nicht der Erwägung verschließen, daß man auch bei uns gegebenenfalls von Reichs wegen zu einer Art Zwangsenteignung ausländischer Effekten schreiten könnte, wie das in England bereits von ganz ernsthafter Seite vorgeschlagen wird.

Wir glauben, daß die genannten Maßnahmen einstweilen genügen werden. Sollte wider Erwarten der Verkauf ausländischer Effekten nicht den gewünschten und erhofften Umfang annehmen, so könnte die Regierung immer noch in Erwägung ziehen, ob sie nicht den weitergehenden englischen

Vorbildern folgen sollte. Wenn bis dahin die Bestandsaufnahme durchgeführt ist, so wird das eventuelle Maßnahmen der Regierung selbstverständlich nur erleichtern.

Hier werden also drei Dinge gefordert, erstens eine Zentralisierung des gesamten Devisenverkehrs, zweitens eine Aufnahme sämtlicher ausländischer Effekten und drittens ein zielmäßig zentralisierter Verkauf dieser Auslandseffekten nach dem Vorbild Englands und Frankreichs.

In diesem Abschnitt soll zwar noch nicht von den schweren Fehlern unserer Regierung in diesen Dingen gesprochen werden, immerhin sei schon jetzt erwähnt, daß jene Vorschläge zunächst einmal von den „zuständigen" und „sachverständigen" Kreisen sehr ablehnend beurteilt wurden. In bezug auf die wirkliche zielmäßige Organisation zur Verwertung der ausländischen Effekten geschah bis in den September 1916 hinein überhaupt nichts; erst dann fand eine technisch recht ungeschickte Gesamtaufnahme der fremden Wertpapiere statt. Wie die zuständige Stelle, das ist in erster Linie die Reichsbank, über die Devisenzentralisierung dachte und für wie verkehrt sie diese hielt, ergibt sich recht schlagend aus dem, was der Berliner Korrespondent der „Frankfurter Zeitung" im Abendblatt vom 5. Januar 1916 über diese Frage schreibt:

„Die Zuspitzung der Verhältnisse am Devisenmarkte hat selbstverständlich, wie mehrfach erwähnt wurde, die maßgebenden Stellen nicht gleichgültig gelassen. Den verschiedenen Anregungen aber, denen namentlich in diesem Blatte Gehör verschafft wurde, hält man noch immer Bedenken entgegen, die eigentlich kaufmännisch genannt zu werden verdienen. Namentlich wird bisher die vollkommene Zentralisierung für kaum gangbar erachtet, weil die Monopolisierung der Devisenverwaltung und des Devisenverkaufs, die zwar auf der einen Seite manches bessern könnte, auf der andern doch nicht die genügende Neubeschaffung von ausländischen Zahlungsmitteln verbürgt. Zur erfolgreichen Ausübung dieser zweiten und im Grunde wichtigeren Funktion, die in der Abstoßung von Waren und Effekten oder in der Aufnahme von Krediten bestehen kann, ist zweifellos die Erhaltung der privaten Initiative vonnöten."

## Die Devisenordnung vom Januar 1916.

Indessen, der von Tag zu Tag schlimmer werdende Kursrückgang hat doch unsere Reichsbankleitung allmählich überzeugt, daß ihr ablehnender Standpunkt irrig sei und daß unbedingt etwas geschehen müsse. Und so kam es denn nach gründlichen Beratungen mit den zuständigen Fachleuten am 22. Januar 1916 zum Erlaß jener Devisenordnung, die auch bis heute noch grundlegend für den Handel mit ausländischen Zahlungsmitteln ist und erst im Januar 1917 gewisse Ergänzungen erfahren hat. Aus diesem Grunde seien sie auch im Wortlaute hier abgedruckt.

### Der Handel mit ausländischen Zahlungsmitteln.

§. 1. Ausländische Geldsorten und Noten, sowie Auszahlungen, Schecks und kurzfristige Wechsel auf das Ausland dürfen im Betriebe eines Handelsgewerbes nur von den vom Reichskanzler bestimmten Personen und Firmen gekauft, umgetauscht, oder darlehensweise erworben und nur an sie verkauft, verpfändet oder darlehensweise veräußert werden.

Über Guthaben im Ausland darf im Betriebe des Handelsgewerbes zum Zwecke des Erwerbs von Geldsorten, Noten, Guthaben, Auszahlungen, Schecks und kurzfristigen Wechseln in anderer Währung nur verfügt werden, sofern der Erwerb bei einer der bezeichneten Personen und Firmen erfolgt.

Die Geschäfte mit den bezeichneten Personen und Firmen können auch durch Kommissionäre vermittelt werden. Selbsteintritt ist ausgeschlossen.

Als kurzfristige Wechsel im Sinne dieser Verordnung gelten Wechsel auf die europäischen Länder mit einer Laufzeit von höchstens zwei, auf andere Länder mit einer solchen von höchstens sechs Wochen; bei unakzeptierten Nach-Sicht-Wechseln ist die Frist nach Sicht maßgebend.

§. 2. Die auf Grund des § 1, Absatz 1, 2 getroffene Bestimmung der Personen und Firmen wird im „Reichsanzeiger" bekannt gemacht. Sie kann zurückgenommen werden; die Rücknahme wird in gleicher Weise veröffentlicht.

§ 3. Auf Erfordern der Reichsbank oder der vom Reichskanzler bestimmten Personen und Firmen ist der Erwerber, der Veräußerer oder Verpfänder (§ 1, Abs. 1 und 2) verpflichtet, der Reichsbank über Inhalt und Zweck des Geschäftes wahrheitsgemäße Auskunft zu erteilen und die Nachweise vorzulegen.

§ 4. Der Kurs, zu dem die § 1, Absatz 1, 2 bezeichneten Personen und Firmen ankaufen und verkaufen, wird mit Zustimmung der Reichsbank festgesetzt.

§ 5. Der Reichskanzler kann Ausnahmen von den Vorschriften dieser Verordnung zulassen.

§ 6 Wer es unternimmt, den Vorschriften des § 1 zuwider zu erwerben, zu veräußern, zu verpfänden oder zu verfügen, wird, insofern nicht nach anderen Strafgesetzen eine höhere Strafe angedroht ist, mit Geldstrafen des doppelten Betrages der Werte, in bezug auf welche die strafbare Handlung verübt ist, bestraft. Neben der Geldstrafe kann auch Gefängnis bis zu einem Jahr erkannt werden. Wegen der Zuwiderhandlung kann ein Deutscher auch dann verfolgt werden, wenn er sie innerhalb eines inländischen Geschäftsbetriebes im Ausland begangen hat.

Mit Geldstrafe bis zu 50 Mk. und mit Gefängnis bis zu einem Jahre oder mit einer dieser Strafen wird bestraft:

1. Wer zum Zwecke des Erwerbes der in § 1 bezeichneten Werte über den Inhalt und Zweck des Geschäftes unrichtige Angaben macht;

2. Wer den Vorschriften des § 3 zuwiderhandelt.

§ 7. Diese Verordnung tritt am 28. Januar 1916 in Kraft. Der Reichskanzler bestimmt den Zeitpunkt des Außerkrafttretens.

Eine weitere Bekanntmachung lautete:

Auf Grund des § 5 der Verordnung über den Handel mit ausländischen Zahlungsmitteln vom 20. Januar 1916 werden bis auf weiteres folgende Ausnahmen zugelassen:

Artikel 1. Bei allen Personen und Firmen, die gewerbsmäßig Geldwechslergeschäfte betreiben, dürfen eingewechselt werden:

1) Deutsche Geldsorten und Noten gegen Hingabe ausländischer Geldsorten und Noten.

2. Von einer und derselben Person innerhalb eines Kalendertages ausländische Geldsorten und Noten gegen Hingabe deutscher Geldsorten und Noten im Betrage von höchstens eintausend Mark.

Artikel 2. Der § 1, Abs. 1 der Verordnung findet auf Auszahlungen, Schecks und kurzfristige Wechsel auf die unter deutscher Verwaltung stehenden Gebiete Belgiens und Rußlands sowie belgische Geldsorten und Noten keine Anwendung.

Der § 1, Abs. 2 der Verordnung findet insoweit keine Anwendung, als über Guthaben in Belgien zum Zwecke des Erwerbes deutscher Zahlungsmittel verfügt wird.

Artikel 3. Auf den Postanweisungs- und Postschecks-, Postnachnahme- und Postauftragsverkehr findet die Vorschrift keine Anwendung.

Ein fernere Bekanntmachung ermöglicht die nötigen Ausnahmen von dem Verbote von Mitteilungen über Preise von Wertpapieren usw. vom 25. Februar 1915. Sie lautet:

Auf Grund des § 1, Abs. 3 der Bekanntmachung vom 25. Februar 1915 wird folgendes bestimmt:

Bis auf weiteres sind Bekanntmachungen oder Mitteilungen über die Kurse zulässig, welche gemäß § 4 der Verordnung über den Handel mit ausländischen Zahlungsmitteln für ausländische Geldsorten und Noten sowie für Auszahlungen, Schecks und kurzfristige Wechsel auf das Ausland festgesetzt werden.

Die Absicht der Devisenordnung vom Januar 1916 war Ausschaltung der unlauteren Spekulation, Zentralisierung des gesamten Valutageschäfts bei der Reichsbank und gleichmäßige, gerechte Verteilung des vorhandenen Devisenmaterials an alle jene, die Zahlungen ans Ausland zu leisten hatten. Um dieses Ziel zu erreichen, mußte ein eigener, wie es schien, recht verwickelter Apparat geschaffen werden. Fortab war die Zahl derer, die Devisen kaufen und verkaufen durften, auf eine ganz kleine Anzahl von privilegierten Banken beschränkt, und zwar an den Plätzen Berlin, Hamburg und Frankfurt. Neben Berlin, dem Sitze der Reichsbank und der Großbanken, wurde Hamburg als wichtigster Platz für den deutschen Außenhandel und wegen seiner intimen Beziehungen zu den skandinavischen Ländern, Frankfurt vor allem wegen seines großen Besitzes an ausländischen, besonders amerikanischen Wertpapieren, gewählt. Alles in allem durften nur 26 Banken als Käufer und Verkäufer fremder Wechsel auftreten. Aber auch diese Firmen sollten im Wesentlichen nichts anderes als gewissermaßen die Agenten der Reichsbank sein. Ihre Aufgabe beschränkte sich darauf, aus ihrer Kundschaft Kauf- und Verkaufsaufträge entgegenzunehmen und diese an die Reichsbank weiterzugeben. Diese nun stellte die eingelaufenen Kauf- und Verkaufsaufträge gegenüber, bestimmte alltäglich die Kurse, zu denen sie Käufer und Verkäufer war, und machte gleichzeitig bekannt, ob sie alle einlaufenden Nachfragen nach Devisen befriedigen könne oder nicht. Die so festgesetzten Kurse werden dann regelmäßig durch die Presse allen Interessenten etwa in der nachfolgenden Form bekannt gegeben.

| Devisenkurse: | 19. Januar | | 20. Januar | |
|---|---|---|---|---|
| | Geld | Brief | Geld | Brief |
| New York . . . | 52,— | 554,— | 552,— | 554,— |
| Holland . . . . | 238 3/4 | 239 1/4 | 238 3/4 | 238,— |
| Dänemark . . . | 163,— | 163 1/2 | 163,— | 163 1/2 |
| Schweden . . . . | 171 3/4 | 172 1/4 | 171 3/4 | 172 1/4 |
| Norwegen . . . | 165 1/4 | 165 3/4 | 165 1/4 | 165 3/4 |
| Schweiz . . . . | 117 7/8 | 118 1/8 | 117 7/8 | 118 1/8 |
| Österreich-Ungarn . | 63,95 | 64,05 | 63,95 | 64,05 |
| Bulgarien . . . | 79 1/2 | 80 1/2 | 79 1/2 | 80 1/2 |

Die Festsetzung der Kurse erfolgte nicht etwa rein automatisch unter Zugrundelegung der jeweiligen Notierungen an den ausländischen Börsen, sondern nach anderen Gesichtspunkten. Wenn beispielsweise in New York aus irgendwelchen Gründen die Reichsmark einer sehr starken, vielleicht vorübergehenden Entwertung unterlag, so notierte die Reichsbank nicht gleich den entsprechenden Kurs für den Dollarwechsel, sondern einen niedrigeren, und hielt sich entweder dadurch schadlos, daß sie bei anderen Devisen manchmal etwas höhere Preise als die Parietät festsetzte, oder aber sie legte aus ihren eigenen sonstigen Mitteln zu, zahlte also aus eigener Tasche unter Umständen die Differenz. Die Folge davon war, um bei dem Beispiel des New Yorker Wechsels zu bleiben, daß alle jene, die Geld von New York zu empfangen hatten, bei dieser willkürlichen Festsetzung zu schlecht wegkamen, während anderseits alle jene, die Zahlungen nach den Vereinigten Staaten zu leisten hatten, erheblich besser ihre Rechnung fanden als vor der zwangsweisen Festsetzung der Devisenkurse.

Mit der allerwichtigste Zweck der Devisenzentralisierung war die Einschränkung der Einfuhr. Die Reichsbank ließ sich nämlich für jede einzelne Zahlung den Zweck nachweisen. An Hand von Dienstanleitungen konnten dann die privilegierten Firmen entscheiden, ob es sich um eine erwünschte oder eine nicht erwünschte Einfuhr handle. So sollte alles Unnötige und uns nur Belastende von den Grenzen ferngehalten werden.

Heute, nach einem vollen Jahr, ist die Frage, ob die Zentralisierung des Devisenhandels gut oder schlecht für unsere Valuta war, ohne weiteres zu beantworten. Schon ein Blick auf die verschiedenen Kurven lehrt, wie mit dem Augenblick der staatlichen Beaufsichtigung die Kurse für die Reichsmark ihren damals beunruhigenden Rückgang aufgaben, zeitweise sogar eine kräftige Erholung erfuhren, und das ist nicht zu verwundern. Zunächst wurde allen in- und ausländischen Börsenspekulanten, also jenen Leuten, die auf dem Rücken des deutschen Volkes für ihre Rechnung geradezu verhängnisvolle Geschäfte machten, einigermaßen das Handwerk gelegt. Schon die bloße Ankündigung genügte, um allenthalben zurückgehaltenes Wechselmaterial auf den Markt zu bringen. Dann aber wurde, zum Teil wenigstens, die unnötige Einfuhr äußerst erschwert, da ja die Reichsbank für diese Zwecke keine Mittel zur Verfügung stellte. Somit muß heute der Grundgedanke der Zentralisierung des Devisenhandels als ganz unbestreitbar glücklich bezeichnet werden, die nur zwei große Nachteile hatte. Erstens kamen die Maßnahmen viel zu spät, und zweitens wiesen sie empfindliche Lücken auf.

## Die Mängel der Devisenordnung von 1916.

Der bewegliche Handel fand bald heraus, daß es mit der Devisenzentralisierung „nicht so schlimm" sei, daß das Netz eine ganze Reihe von weiten Maschen aufwies, durch die man hindurchschlüpfen könne. Was der Handel, namentlich der illegitime, als „gar nicht so schlimm" von seinem egoistischen Standpunkt aus empfand, stellte sich für die Gesamtheit als äußerst schädlich heraus. Die schlimmste Lücke, die man in Berlin — trotz rechtzeitiger Warnung sachverständiger Bankkreise — gelassen hatte, war die ungehinderte Erlaubnis, nach wie vor so viel deutsche Banknoten ins Ausland zu schicken, wie man nur wollte. Die Wirkung war sehr bedauerlich. Jeder, der fortab Dinge einführen wollte, von denen er wußte, daß die Reichsbank kein Material dafür zur Verfügung stellen würde, packte den entsprechenden Betrag deutscher Banknoten in einen Brief und sandte ihn nach Zürich oder Amsterdam. Niemand hinderte ihn, eine holländische Bank zu veranlassen, auf eine deutsche Bank einen entsprechenden Wechsel zu ziehen, oder aber er konnte durch Postscheck oder Postanweisung entsprechende Summen wegschicken. Dieses konnte ihm niemand verbieten, weder intelligente Zensoren auf der Briefüberwachungsstelle noch Postbeamte. Da nun die Reichsbank, aus guten Gründen, Wert darauf legte, daß die deutsche Ausfuhrindustrie ihre Rechnungen in fremder Währung ausstellte — auf diese Weise wollte sich die Reichsbank möglichst viel Material sichern — so war natürlich im Ausland für die dorthin geschafften Banknoten keinerlei Bedarf.

Wenn jemand diesen Weg aus irgendwelchem Grund nicht beschreiten wollte, so gab es noch genug andere, um die Volkswirtschaft zu schädigen. Es sei da nur der Umweg über die Effektenbörse erwähnt. Wenn beispielsweise ein Kaufmann nach dem Ausland ohne die Reichsbank und ohne Versendung von Banknoten Geld senden wollte, so konnte er in Berlin oder Frankfurt schweizerische Bundesbahnaktien kaufen, sie nach Zürich senden, sie dort verkaufen und den Erlös für seine Zwecke benutzen.

Eine andere Art, das deutsche Vaterland zu schädigen und zu betrügen, waren Vereinbarungen zwischen Exporteuren und Importeuren. Es ist nachweisbar, daß auf dem Wege des Inserats Firmen, die in der Schweiz Dinge zahlen wollten, die sie wohlweislich der Reichsbank zu verheimlichen hatten, sich mit Exporteuren zusammenschlossen und diesen die Valuta abkauften.

Wie diese Dinge häufig geradezu unter den Augen der Reichsbank sich vollzogen, lehrt (vor allem im 3. Abschnitt) nachfolgende, bisher unwidersprochen gebliebene Zuschrift an die „Frankfurter Zeitung" (Erstes Morgenblatt vom 10. Januar dieses Jahres).

1. Die Devisenordnung greift nur gegenüber den handelsgewerblichen Devisengeschäften mit dem Ausland durch. (Eine weite Auslegung des Begriffes „Handelsgewerbe" in dem Sinne, daß ein solches schon in der mehrfachen Wiederholung von Gelegenheitsgeschäften in Devisen zu erblicken sei, konnte diese Lücke nicht schließen.) Dem privaten großen Effektenbesitzer z. B., der seine auf ausländische Währung lautenden Wertpapiere im Auslande abstößt, bleibt die freie Verfügungsmöglichkeit über die aus dem Verkauf erlangte Devise; er kann auch den Gegenwert aus dem Auslande in Mark beziehen.

2. Der gesamte Postscheck- und Postanweisungsverkehr ist von den Vorschriften der Devisenverordnung ausdrücklich ausgenommen, was von unheilvollstem Einfluß auf die Gestaltung des Markkurses war. Auf diese Weise sind ganz beträchtliche Auslandsforderungen in Mark auf Postscheckkonto hereingenommen, dem nationalen Devisenbestande also entzogen worden. Der Anreiz zu einer solchen nach dem Gesetz erlaubten Realisierung von Auslandsforderungen war natürlich infolge des Mißverhältnisses zwischen der Berliner Notiz und den ausländischen Kursen sehr stark. (Daß daneben auch in formell gesetzwidriger Weise umfangreiche, auf Auslandswährung lautende Forderungen in Markform eingezogen wurden, braucht kaum hervorgehoben zu werden.) Infolge der Freilassung des Postanweisungsverkehrs und des höheren Umrechnungskurses bei Postanweisungen hatte sich das folgende Spekulationsgeschäft herausgebildet: Im Ausland wurden deutsche Noten angekauft, in Geldbriefen oder Wertpaketen nach Deutschland gesandt und von den deutschen Empfängern auf Postanweisungen, die auf die Währung des betreffenden Auslandes lauteten, wieder dorthin eingezahlt. Diese mißbräuchliche Benutzung des Postanweisungsverkehrs hatte offenbar beträchtlichen Umfang angenommen. Nun ist das Reichspostamt diesem Umfug entgegengetreten, indem nunmehr von jedem, der nach dem Auslande Mk. 500 oder mehr auf gewöhnliche, bzw. telegraphische Postanweisungen einzahlen will, Belege vorgelegt werden müssen, die einen ausreichenden Nachweis über die bestehende Zahlungsverpflichtung liefern. Andernfalls ist die Annahme der Anweisung abzulehnen.

3. Der größte Fehler war, daß die Devisenordnung nicht auch die Freizügigkeit der Reichsmark nach dem Auslande aufhob. Bei ihrem Erlasse hat man, da fast gleichzeitig auch die Luxuseinfuhr beschnitten wurde, wohl daran gedacht, den bedeutendsten Teil der notwendigen und wünschenswerten Einfuhr unter Kontrolle zu bekommen. Den durch verfügbare Devise nicht gedeckten Teil der Einfuhr suchte die Reichsbank

zunächst möglichst klein zu halten. Es erging an die Banken die Aufforderung, ihren Kunden vertraulich einzuschärfen, daß sie Einfuhrware möglichst durch Devise begleichen sollten. Die Abgabe von Mark oder Markschecks nach dem Auslande sollte verpönt sein. Manche Banken nahmen ihre Aufgabe ernst und glaubten, dabei ein übriges tun zu müssen, indem sie ihren Kunden für Zuwiderhandlungen Repressalien der Reichsbank, wie Kündigung des Girokontos, Sperrung des Diskontkredits usw. in Aussicht stellten. Solche Repressivmaßnahmen waren wohl von der Reichsbank nie beabsichtigt. Im gleichen Zeitpunkte, wo sie die erwähnten Instruktionen an die Banken herausgab, wurden bemerkenswerterweise für ausländische Exporteure täglich große Summen auf Girokonto gewisser an der Grenze liegender Reichsbankanstalten überwiesen, wo sie von den Kassenboten der ausländischen Banken in Gestalt von Marknoten abgehoben und über die Grenze gebracht wurden. Also gleichzeitig die Vermittlung der Markausfuhr durch Einrichtungen der Reichsbank, die auch heute noch ohne jede Prüfung des Grundes der Markübertragung stattfindet! Dabei vertrat ein großer Teil der Reichsbankanstalten die sonderbare Auffassung, daß Marküberweisungen auf die bei den deutschen Banken befindlichen Konten ausländischer Exporteure nicht als bedenklich anzusehen seien. Die im Postscheck- bzw. Postanweisungsverkehr vollzogenen Markzahlungen nach dem Auslande blieben von dem angeordneten sanften Druck der Banken überhaupt unbehelligt.

Das von der Reichsbank angestrebte Ziel wurde nicht erreicht. Die Devisen gingen ihr, teils aus dem unter Ziffer 2 genannten Grunde, teils weil nach wie vor ein sehr erheblicher Teil der deutschen Ausfuhr in Mark fakturiert wurde, vielleicht auch fakturiert werden mußte, nicht in dem erwarteten Maße zu. Die Reichsbank sah sich genötigt, von Woche zu Woche den Kreis der devisenfähigen Einfuhrwaren zu verengern und auch die Zuteilungen auf den für devisenfähige Einfuhr angemeldeten Devisenbedarf herabzusetzen. Der durch Markrimesse zu deckende, also unerwünschte Teil der Einfuhr wurde immer größer. Der Reichsbank entglitt die Kontrolle über den Zahlungsausgleich nach dem Auslande und über die Einfuhr. Die frühere Mahnung: „Keine Mark ohne Not ins Ausland!" wurde längst nicht mehr beachtet, weder von den Einfuhrhändlern noch von den Banken. Die deutschen Händler sehen sich bei ihrem Kampf um Einfuhrware durch keinerlei Rücksichtnahme auf die Begleichungsmöglichkeit gehindert. Was irgendwie an einfuhrfreier Ware zu erlangen ist, wird, unbekümmert um die von den ausländischen Verkäufern geforderten Phantasiepreise, gekauft, unbekümmert auch darum, daß der Verkäufer, angeblich um sich gegen Valutaverlust zu schützen, Baranschaffung schon vor der Versendung der Ware verlangt. Die Dringlichkeit des inländischen Bedarfs und die große Flüssigkeit des inländischen Geldmarktes gestattet dies den Händlern.

Dieses unbedenkliche Hinauswerfen der Reichsmark ins Ausland führte notwendig zu einer wilden Baissespekulation, die nun der Reichsmark mit wuchtigen Angriffen zusetzte. Große Marksummen wurden brieflich oder telegraphisch ins Ausland gelegt oder wanderten in den Taschen der ausreisenden Händler dorthin, um gegen Franken usw. ausgeboten zu werden, die dann, wenn die Mark neuerdings nachgegeben hatte, wieder in Mark umgewandelt wurden. Es ist ein offenes Geheimnis, daß dabei gewisse Kreise des westdeutschen Kapitals eine große Rolle spielten. Es handelt sich um vitale Interessen der deutschen Kriegs- und späteren Friedenswirtschaft. Man bedenke aber auch, welch ein gewichtiges politisches Stimmungsmoment der Stand unserer Währung im Ausland bildet. Helfen kann nur rasches und rücksichtsloses Zugreifen. Das wirksamste und dauernde Mittel ist die Neueinrichtung unseres gesamten privaten Zahlungsverkehrs nach dem Auslande und eventuell eine weitere gesetzliche Beschränkung der einfuhrfreien Güter.

Der Reichsbank und ihr zugeteilten Kontrollbanken muß die Kontrolle über den gesamten Zahlungsausgleich nach dem Auslande in die Hand gegeben werden. Jede über einen gewissen Mindestbetrag hinausgehende Markübertragung nach dem Auslande muß, in welcher Form sie auch erfolgen mag, durch eine dieser Banken genehmigt sein. Als Zahlung nach dem Auslande ist dabei jedenfalls auch die auf ein inländisches Konto einer ausländischen Firma erfolgte Einzahlung oder Überweisung anzusehen. Es darf keine Ausnahme zugunsten einer privilegierten Zahlungsweise mehr geben. Das persönliche Verbringen von Banknoten ins Ausland über einen bestimmten Betrag hinaus müßte verboten werden, ebenso ihre Versendung in Paketen. Ausnahmen zugunsten der Reichsbank und der Kontrollbanken könnten vorbehalten werden. Hauptzweck und -stärke einer solchen Anordnung würde in ihrem vorbeugenden Charakter liegen. Keine neue Verpflichtung darf gegenüber dem Ausland eingegangen werden, ohne daß vorher Anschaffung dafür besorgt worden wäre. Der Abbau der bereits bestehenden Engagements müßte natürlich in liberaler Weise gestattet werden; Moratoriumscharakter darf einer solchen Neuregelung unter keinen Umständen anhaften.

Dadurch würde neben dem Steigen des Markkurses ein Mehrfaches erreicht:

1. die Zurückführung der Einfuhr auf ein unserer Zahlungskraft entsprechendes Maß.

2. die Unterbindung der Valutaspekulation.

3. Die uns zur Verfügung stehenden Devisen würden, da ja privilegierte freie Veräußerungsmöglichkeiten fehlen und die gesetzwidrige unmittelbar im Ausland erfolgte Begebung äußerst erschwert würde, zum weitaus größten Teile den Devisenbanken zufließen.

4. Die jetzt noch in Massen auf den neutralen Geldmärkten herumschwimmenden deutschen Noten werden von den ausländischen Banken rasch aus dem Markt genommen werden und in ihre deutsche Heimat zurückgehen. Zugleich wird die durch die skrupellose Vergeudung der Mark verursachte Belastung unseres Notenkontingents beseitigt.

Dazu bedarf es aber der Mitarbeit und Selbstbeschränkung sämtlicher beteiligten Stellen und Kreise. Abgesehen insbesondere von der Mithilfe aller Banken wären auch die Post- und Telegraphenverwaltung mit dem Vollzug zu befassen. Außerdem wären die am Grenzeingang liegenden Zollstellen anzuweisen, nur dann Güter hereinzulassen, wenn die genehmigte Anschaffung nachgewiesen wird."

Eine besondere üble Rolle bei der Umgehung der deutschen Valutamaßnahmen haben gewisse größere und kleinere österreichische Händler gespielt. Es ist kein Geheimnis, daß Deutschland seinen kapitalarmen Bundesgenossen wiederholt große Kredite in Reichsmark zur Verfügung gestellt hat. Da nun die Krone noch eine unvergleichlich schlimmere Entwertung zu verzeichnen hat als die Reichsmark — sie notierte Ende 1916 zu rund 50 Prozent ihres Friedenskurses — so mußten die Österreicher bei ihren Einkäufen im wesentlichen mit Reichsmark zahlen. Sie vermehrten dadurch das Überangebot an deutschen Noten im Ausland in einer fast unerträglichen Weise, besonders da die Regelung der Devisenverhältnisse in Österreich bis Ende 1916 noch viel laxer gehandhabt wurde als in Deutschland.

War das an und für sich bedauerlich, so grenzen weitere Manipulationen gewisser österreichischer bzw. galizischer Händler geradezu ans Betrügerische. Die Reichsbank hatte nämlich, wohl hauptsächlich im Interesse Österreichs-Ungarns, lange Zeit den Kurs für die Krone höher angesetzt, als deren Bewertung im neutralen Ausland war. Wenn also beispielsweise in Holland 100 Kronen einen Wert von 63 Reichsmark besaßen, war die Notierung in Berlin noch 65. Was taten nun diese wilden Händler? Sie kauften in Holland einige tausend österreichische Kronen zu 63, sandten sie nach Berlin und verkauften sie dort mit einem Nutzen von 2 Prozent. Mit dem Erlös wiederholten sie diese Maßnahme ad infinitum. Ähnliche hübsche Arbitragegeschäfte fanden zwischen der östlichen Front und den deutschen Städten statt, da die deutsche Heeresverwaltung zeitweise höhere Preise für die Krone zahlte als die deutschen Banken dafür verlangten. Alles dies ging sehr, sehr lange vor sich.

Wenn nun die unter Brüskierung der Reichsbank nach dem Ausland überwiesenen deutschen Gelder lediglich der mehr oder weniger nötigen Einfuhr gedient hätten, so wäre das noch einigermaßen zu verschmerzen. Leider sind Anhaltspunkte genug da, daß diese Gelder manchmal noch viel bedenklicheren Zwecken gedient haben. Aufmerksame Beobachter versichern, daß im Ausland ständig eine rege Nachfrage nach Schmuck aller Art für deutsche und vor allem auch österreichische Rechnung stattgefunden hat. Da das neutrale Ausland nicht immer diesen Bedarf befriedigen konnte, so scheinen sogar unsere Feinde als Schmucklieranten aufgetreten zu sein (siehe weiter unten). Die für deutsche Rechnung gekauften Edelsteine mußten, da ein Einfuhrverbot in Deutschland seit langem besteht, im neutralen Ausland einstweilen in Verwahrung gegeben werden. Es handelt sich dabei selbstverständlich um Leute, die ihre Kriegsgewinne verstecken wollen. Daß daneben auch gar mancher mobiles Kapital an ausländische Banken übertragen hat, ist kaum zu bezweifeln.

---

## Vierter Abschnitt.

## Die Wirkungen ungünstiger Wechselkurse.

In das Jahr 1917 ist die deutsche Volkswirtschaft mit einer 30 prozentigen Unterwertung ihrer Valuta im neutralen Ausland eingetreten. Es wird heute niemand so optimistisch sein zu glauben, daß die völlige Parität mit einem Schlag, etwa mit dem Beginn der Friedensverhandlungen ohne tiefgreifende Einwirkungen und Maßnahmen wieder eintreten wird. Wohl ist es möglich, daß ziemlich unvermittelt politische und militärische Ereignisse eine sehr kräftige Besserung bringen. Das weiter oben gegebene Beispiel der Valutaschwankungen im Dezember 1916 in New York spricht dafür. Wahrscheinlicher aber scheint eine noch recht lange dauernde Unterwertung. Man wird also auf jeden Fall gut tun, sich heute schon über die Wirkungen einer unterwertigen Valuta Klarheit zu verschaffen. Die wichtigste Folge ist die empfindliche Verteuerung der Einfuhr. Wir haben in der letzten Friedenszeit für rund 10 Milliarden Waren aus dem Ausland eingeführt. Das sind in amerikanische Währung umgerechnet 2400 Millionen Doll. Würden wir also in kommenden Friedensjahren dieselben Mengen an Waren beziehen und würden im Ausland die alten Friedenspreise zu zahlen sein, so müßten wir bei dem gegenwärtigen Stand der deutschen Valuta nicht mehr 10 Milliarden, sondern etwa 13—15 Milliarden bezahlen. Die Wirkung wäre eine außerordentlich schmerzhafte Verteuerung der ganzen Lebenshaltung. In der Praxis wird — übrigens auch aus anderen Gründen — die Folge eine möglichst starke Einschränkung der Einfuhr sein. Das ist zwar dann für die deutsche Zahlungsbilanz eine Ersparnis, es ändert aber nichts an der Verteuerung des einzelnen Artikels. Erst wenn die Wirkung der geringeren Einfuhr sich allmählich Bahn bricht, könnte auch die Valuta sich mehr ihrem normalen Stand nähern und damit der Überpreis für den einzelnen Artikel in Wegfall kommen. Mit anderen Worten, eine unterwertige Valuta erschwert die Einfuhr, und sie hat die unangenehmsten Folgen für alle Verbraucher.

Anders mit der Ausfuhr. Der Ausfuhrhandel zieht aus ungünstigen Valutakursen ansehnliche Vorteile. Wenn beispielsweise ein deutscher Kohlenexporteur auf dem Auslandsmarkt bei einem Weltmarktkurse von einem Pfund Sterling für die Tonne Kohlen früher Mk. 20,40 erlöste, so würde er unter heutigen Verhältnissen 26 und 28 Mark dafür erhalten. Mit anderen Worten, die Ausfuhr wird durch ungünstige Wechselkurse belebt und unterstützt. Darin liegt auch bereits der Ausgangspunkt der Besserung.

Das sind die theoretischen Wirkungen ungünstiger Wechselkurse. Ob sie in der Praxis in den kommenden Jahren voll zum Durchbruch kommen können, ist darum noch gar nicht zu übersehen, weil die Wirkungen des Krieges gerade auf dem Gebiete des Ausfuhrhandels revolutionäre Wirkungen zur Auslösung bringen werden. Es sei nur daran erinnert, daß zu einem großen Ausfuhrhandel zwei Parteien gehören, der Verkäufer und der Käufer. Nun ist aber für die kommende Zeit wegen der Verarmung und Verbitterung der Völker, zum mindesten in Europa, mit einer lang andauernden Einschränkung der Einfuhr zu rechnen. Außerdem aber haben ja die anderen kriegführenden Länder nicht minder unter den Folgen des Krieges gelitten und müssen nicht minder für eine Belebung ihrer Ausfuhr Sorge tragen. Es ist also mit der Möglichkeit einer äußerst scharfen Konkurrenz bei verminderter Nachfrage gerade auf diesem Gebiete zu rechnen.

Auf Grund historischer Erfahrungen sei im Vorbeigehen erwähnt, daß die so verschiedenartigen Interessen von Ein- und Ausfuhrhandel unter Umständen recht unerfreuliche Erscheinungen zeitigen können. So hat beispielsweise bei dem Streit um die Regelung der indischen Valuta stets ein Kampf zwischen den Exporteuren indischer Landesprodukte und den großen Manchesterfirmen stattgefunden; letztere hatten als Lieferanten Indiens ein großes Interesse an einem möglichst günstigen Wechselkurs der

Rupie, während umgekehrt die Exporteure sich bei einem niedrigen Umrechnungskurs viel besser standen.

Neben dieser materiellen **Wirkung** schlechter Wechselkurse sei in zweiter Linie auf die **moralische** hingewiesen. Unterwertige Wechselkurse unterhöhlen den Kredit des Landes und lassen es als **in finanzieller Beziehung zweitklassig** erscheinen. Es wäre geradezu unerträglich für ein Land von der Bedeutung und dem wirtschaftlichen Machtwillen Deutschlands, auf die Dauer schlechte Wechselkurse zur Schau zu tragen.

Neben diesen beiden Hauptpunkten spielen die Wirkungen auf die **Privatwirtschaft** des einzelnen nur eine sehr geringe Rolle. Immerhin seien zur Abrundung des Bildes hier zwei bittere Klagen, die ebenfalls der „Frankfurter Zeitung" entnommen sind, aufgeführt. Die erste kommt aus Hotelkreisen und lautet:

„Auf unserm Hotel ruht eine Tilgungshypothek einer Schweizer Bank, die zu Friedenszeiten bei einem Zinsfuß von 5% und 2% Amortisation rund Mk. 16000 vierteljährlich erfordert. Am 1. Dezember hatten wir dagegen einschließlich Kursdifferenz bereits Mk. 23400 aufzubringen. Es ist uns nun verschiedentlich gelungen, in der Schweiz Frankenkredit gegen zum Teil hohe Vermittlungsprovision aufzutreiben, jedoch sind die Bedingungen derart, daß eine weit stärkere Inanspruchnahme unserer Betriebsmittel nötig sind, als es die Verhältnisse gestatten. Um also wenigstens einen Teil der Kursdifferenz nach Eintritt normaler Verhältnisse zu retten, muß eine deutsche Bank bei einem Schweizer Institut Garantie übernehmen, das seinerseits die fällige Rate der Hypothekenbank in der Schweiz übermittelt. Den Frankenkredit müssen wir mit 7% verzinsen und außerdem wird 1/4% Provision per Quartal berechnet. Bei dem deutschen Bankinstitut aber sind außer der Annuität von Mk. 16000 die derzeitige Kursdifferenz nebst 10% Marge, die bei weiterem Fallen des Kurses erhöht werden muß, einzuzahlen. Dieses schweizerische Institut hat außerdem das Recht, ohne Angabe von Gründen sofortige Zahlung von der deutschen Bank zu verlangen. Es ist alles in allem sehr zweifelhaft, was wir nach Friedensschluß wieder zurückbekommen. Wenn wir nun nicht zahlen können oder wollen, dann tritt eine Garantieversicherung in Kraft, die wir bei einer Versicherungsgesellschaft in Berlin zugunsten der schweizerischen Hypothekenbank abschließen mußten und die eine Prämie von Mk. 4500 pro Jahr erfordert. Die Versicherung zahlt Annuität und Kursdifferenz, belastet uns und wenn wir nach Ablauf der gesetzlichen Zahlungsfrist für Zinszahlungen nicht zahlen, dann geht sie mit allen gesetzlichen Mitteln gegen uns vor und beantragt nötigenfalls zur Wahrung ihrer Rechte Zwangsversteigerung. Wir befinden uns also in einer Zwangslage, da wir weder die reichen Mittel der Spekulation oder einer Einkaufsgesellschaft zur Verfügung haben, noch die Kursdifferenz auf die Allgemeinheit abwälzen können. Unsere Gäste würden sich einen Aufschlag von etwa Mk. 3 pro Kopf und Tag kaum gefallen lassen und würden lieber wo anders hingehen. An billigen Angeboten in dieser Zeit des Tiefstandes der gesamten Hotelindustrie fehlt es ja nicht. Lebensmittelknappheit, Teuerung, Unterbindung des Passantengeschäfts durch Autoverbot und andere Verkehrsschwierigkeiten lasten schwer genug auf dem Gewerbe, man sollte wenigstens vor Verlusten, die lediglich dem Ausland und der Großfinanz zugute kommen, geschützt werden."

Die zweite, die gleichzeitig einen recht interessanten Einblick in die Verhältnisse eines wichtigen deutschen Gewerbezweiges gewährt, kommt aus den Kreisen der Rheinschiffahrt.

„Die Verhältnisse der deutschen Valuta berühren die Rheinschiffahrt außerordentlich. Zunächst bedarf die Rheinschiffahrt aus Gründen, die nachfolgend aufgezählt werden sollen, ständig wachsender Guldenbeträge. Auf der anderen Seite aber ist sie wieder infolge der ständigen Verschlechterung des Markkurses in schwere Mitleidenschaft gezogen, wie ebenfalls nachfolgend dargetan werden soll.

Der natürliche Lauf des Rheines und die Konzentrierung des Schiffsverkehres an den Rheinmündungen hat schon in Friedenszeiten zu engen Beziehungen der deutschen und holländischen Binnenschiffahrtsfragen geführt. In erster Linie waren und sind es die holländischen Schiffshypotheken, die den größten Teil des deutschen Rheinschiffsparkes belasten. In zweiter Linie ist es der holländische Schiffsbau, der bis vor wenigen Jahren fast ausschließlich die Rheinschiffe hervorgebracht hat. Auch heute sind noch die holländischen Schiffswerften fast ausschließlich die Erzeuger der Dampfer und Kähne der Partikulierschiffer. Außerdem aber sind die holländischen Werften die Reparaturwerkstätten, da sie billiger als die deutschen arbeiten. Dieses Schiffsbaugewerbe steht im engsten Zusammenhang mit dem Hypothekenwesen, da der Schiffer nur selten seinen Kahn oder Dampfer vollständig bezahlen kann. Die holländischen Schiffshypothekenbanken und die Werften haben durch ihre Kreditgewährung die Anschaffung holländischer Schiffe ermöglicht und erleichtert. Ferner hat sich in Holland im Anschluß an das wesentlich ältere holländische Schiffergewerbe ein Versicherungsgewerbe gebildet, das auch heute noch überwiegend die Rheinschiffahrt gegen Unfälle und Haftpflicht versichert. Alle Rechnungen aus diesen vorbezeichneten Geschäftsbeziehungen wurden und werden in holländischer Währung herausgeschrieben. Die Verschuldung des deutschen Schiffsparkes, die sich in einer mehrere hundert Millionen Gulden betragenden Summe ausdrückt und wofür alljährlich Zinsen und Amortisationen in Guldenbeträgen nach Holland abgeführt werden, die Reparaturrechnungen der holländischen Werften, die Versicherungsprämien erfordern ständig Guldenbeträge, die in normalen Zeiten leicht beschafft werden konnten.

Der Krieg hat nun das Guldenbedürfnis der Rheinschiffahrt dadurch ganz besonders gesteigert, daß die zu den Fahnen eingezogenen deutschen

Schiffer und Matrosen in immer weitergehendem Maße durch Holländer ersetzt werden. Die deutschen Rheinreedereien sind schon seit langer Zeit genötigt, mit zum größten Teil aus Holländern bestehendem Personal zu fahren, auch in den Landbetrieben am Niederrhein vermehren sich ständig die holländischen Arbeitskräfte. An sich werden diese Angestellten in deutscher Währung entlohnt. Solange diese Arbeitskräfte stets in Deutschland bleiben, vor allen Dingen aber, solange dieselben ledig und ohne Unterstützungspflichten sind, sind sie mit der Auszahlung in deutscher Valuta auch einverstanden, sobald jedoch der Schiffahrtsbetrieb sich über die deutsche Reichsgrenze bewegt, speziell nach Holland und Belgien führt, und wenn der holländische Arbeiter seine Familie in Holland wohnen hat, muß der Lohn ganz oder zum Teil in holländischer Währung ausgezahlt werden; dabei begehrt der holländische Arbeiter die Umrechnung des Lohnes zum normalen Satze. Zur Begründung dieses Verlangens wird darauf hingewiesen, daß die deutsche Reichsmark gegenüber dem holländischen Gulden gar zu unterwertig sei und daß bei der Versendung des Lohnes nach der Heimat der Arbeiter doch nicht bei jedem Gulden 60 bis 70 Pfg. verlieren könne. Man wird eine gewisse Berechtigung dieser Ausführungen nicht bestreiten können. Dazu kommt, daß heute der Rheinschiffahrtsverkehr sich zum größten Teil auf der Strecke vom Niederrhein nach dem besetzten belgischen Gebiete abspielt, hauptsächlich um die deutschen Bahnlinien, die nach Belgien führen, von den Transporten zu entlasten. Auf dieser Strecke sind die Rheinkähne zum größten Teil in holländischen Gewässern; die bekannten strengen zollamtlichen Anordnungen verursachen sowohl beim Grenzeintritt als wie beim Austritt aus dem holländischen Gebiete außerordentlich gewissenhafte und langwierige Untersuchungen, wodurch ebenfalls wieder der Aufenthalt in Holland verlängert wird. Für die Dauer des Aufenthaltes auf holländischem Gebiete verlangt aber das gesamte Schiffspersonal, ob deutsch oder holländisch, die Auszahlung des Lohnes in holländischer Währung, wobei man ebenfalls wieder den normalen Kurs von Mk. 170 pro Gulden zum Umrechnungskurs nimmt. Den Schleppbetrieb auf den holländischen Gewässern besorgen ausschließlich holländische Schleppboote. Es ist selbstverständlich, daß der Schlepplohn in holländischer Währung entrichtet werden muß. Seit alters her wird der Schlepplohn von Holland bis an die Ruhr in holländischer Währung notiert und bezahlt. Dazu tritt nun der Guldenbedarf der Niederlassungen in Holland.

Diesem großen Bedürfnisse nach holländischen Zahlungsmitteln stehen jedoch fast keine Quellen zur Deckung gegenüber. Die Rheinschiffahrt ist jetzt ausschließlich auf die Zuteilungen der deutschen Reichsbank angewiesen. Wenn man nun die allgemeine Lage der Rheinschiffahrt, speziell den Frachtenmarkt zum Vergleiche heranzieht — wobei die rapiden Frachterhöhungen der allerletzten Tage außer acht gelassen werden sollen —, so leuchtet es ohne weiteres ein, daß die Kursverschiebungen sowohl die laufenden Verpflichtungen für Zinsen, Versicherungen, Reparaturen und Arbeitslöhne in einer außerordentlich empfindlichen Weise erhöht als auch die Gesamtverschuldung um mehr als 30% vergrößert haben. Die Verluste, die der Krieg der Rheinschiffahrt gebracht hat, hat die Rheinschiffahrt nicht durch ihre Beschäftigung oder durch höhere Frachten ausgleichen können. Ebenso aber liegt offen zutage, welch' großes Interesse die Rheinschiffahrt daran hat, daß der Guldenkurs nicht nur nicht weiter steigt, sondern wieder abgebaut wird. Dabei ließe sich manches tun, um die Erlangung von Auslandsguthaben zu fördern. Es ist heute so weit gekommen, daß nicht nur alle Frachten aus Deutschland nach Holland, sondern auch alle Frachten aus Holland nach Deutschland in Markwährung verrechnet werden. Diese Rechnungsart gewährt bei dem billigen Markkurse dem Verfrachter gegenüber der Guldenverrechnung einen besonderen Vorteil. Die große Konkurrenz in der Rheinschiffahrt aber läßt es leider vollständig ausgeschlossen erscheinen, daß an diesem Zustande aus eigenem Antriebe etwas geändert werden könnte. Der Holländer, der seine Ware auf dem Wasserwege nach Deutschland befördert, will von der billigen Markverrechnung profitieren, ein Angebot, das ihm von einem deutschen Reeder in Guldenwährung unterbreitet würde, würde gar nicht berücksichtigt werden. Hier müßten zum mindesten die gleichen Bestimmungen Platz greifen, die für den Eisenbahnverkehr längst bestehen. Der weitaus größte Teil der Transporte an Kohlen, Eisen und Stahl nach Holland erfolgt auf dem Wasserwege. Auch die Schweiz bezieht auf dem Rhein bis Straßburg-Kehl den größten Teil ihrer Kohlen. Es wäre vorzuschreiben, daß der ausländische Bezieher die Frachten auf jeden Fall in der Währung des Empfangslandes zu bezahlen hat und ebenso muß es sich der ausländische Absender gefallen lassen, daß die Fracht nach Deutschland in der Währung des Auslandes berechnet wird, d. h. die Sendungen nach Deutschland sind zu frankieren. Gesetzliche Vorschriften — und nur diese — können das den auseinanderstrebenden und konkurrierenden Elementen in der Rheinschiffahrt aufzwingen, freilich nur den deutschen Staatsangehörigen. Man wird mit dieser Bestimmung also nicht verhüten können, daß bei der Einfuhr aus Holland nach Deutschland gleichwohl einmal ein holländischer Exporteur mit einem holländischen Reeder die Frachten in deutscher Währung vereinbart. Ganz abgesehen davon aber, daß die Einfuhr aus Holland nach Deutschland auf dem Wasserwege ganz außerordentlich geringfügig ist, kann man die Einfuhr von Waren überhaupt verbieten, wenn nachgewiesen wird, daß die Frachtverrechnung entgegen dem Verbot stattgefunden hat. Eine Einschränkung der Einfuhr wird dies ganz gewiß nicht zur Folge haben. Die Fracht spielt im Verhältnis zu den großen Werten der Güter überhaupt keine Rolle.

Selbstverständlich aber wird man außerdem deutscherseits die Ausfuhr von Waren auf dem Wasserwege nach dem neutralen Auslande fördern müssen, soweit dies nur irgendwie mit den eigenen Interessen verträglich ist. In dieser Beziehung sind Anregungen schon in genügender Weise der Öffentlichkeit unterbreitet worden. Die Maßnahmen, welche das Deutsche Reich getroffen hat, um den Markkurs zu verbessern, haben sich als ungenügend erwiesen. Man wird nicht die Ursache der Verschlechterung des deutschen Reichsmarkkurses in erster Linie auf die Gegenwirkungen unserer Feinde zurückführen dürfen. Man wird vielmehr untersuchen müssen, ob das bisherige System geeignet war, die Markwährung zu verbessern. Es macht den Eindruck, als ob die Prüfungsstelle der Reichsbank für Devisenabgaben sich in ziemlich formalistischer Weise darauf beschränke, die Gesuche um Devisenzuteilungen zu prüfen, wobei man wohl erreicht, daß eine große Anzahl von Guldenkäufen unterbleibt. Aber ein ebenso wichtiger oder noch viel wichtigerer Punkt scheint doch der zu sein, zu verhüten, daß die deutsche Reichsmark in Holland selbst zu jedem beliebigen Preise in Holland umgesetzt wird. In den allerjüngsten Tagen hat nun die Prüfungsstelle der Reichsbank einen Guldenscheck abgelehnt, der für Guldenlöhnung an holländische Schiffer verlangt war, mit folgender Begründung:

„Die von einem deutschen Unternehmer beschäftigten Leute mögen auch in Mark entlohnt werden, evtl. mag ihnen die Kursdifferenz ersetzt werden."

Der deutsche Unternehmer war ja schon zum voraus bereit, die Kursdifferenz zu tragen, da er die teuren Gulden anschaffen wollte. Was wird nun aber die Folge sein, wenn in der von der Reichsbank vorgeschlagenen Weise verfahren wird? Es muß geschehen, daß einige Tausend Schiffer und Arbeiter deutsche Marksummen wöchentlich an ihre Frauen oder Angehörigen in ganz Holland senden, welche dann an ihrem Wohnsitze bei Gastwirten, Krämern, Händlern, skrupellosen berufsmäßigen oder nicht berufsmäßigen Bankiers die deutsche Reichsmark in Gulden umsetzen. Das Ergebnis einer solchen Verwertung der deutschen Reichsmark muß geradezu vernichtend ausfallen. Es ist zu glauben, wenn Schiffer berichten, daß sie beim Umwechseln der Reichsmark in Holland Beträge geboten bekommen, die hier nicht wiedergegeben werden sollen; ebenso ergeht es natürlich bei allen Umwechslungen, die die deutschen Schiffer auf der Durchfahrt durch Holland beim Einkauf von Bedürfnissen vornehmen. Es liegt auf der Hand, daß eine derartige Devisenpolitik außerordentliche Schäden anrichten und in viel größerem Umfange zur Schädigung des Markkurses beitragen muß, als unsere Feinde hierzu imstande sind.

Es scheint uns, daß man sich dazu entschließen müßte, den gesamten Zahlungsaustausch mit dem Ausland genau so zu zentralisieren, wie dies bezüglich der Waren erfolgt ist. Hierzu bedürfte es bei der Geringfügigkeit des Güteraustausches ganz gewiß keines großen Apparates."

# Fünfter Abschnitt.

# Heilmittel.

Die gesunde Weiterentwicklung des Deutschen Reiches und unser Ansehen in der Welt macht die möglichst schnelle Wiederherstellung normaler Wechselkurse unbedingt erwünscht. Die wirklich großen Mittel zur Erreichung dieses Ziels können erst bei der Wiederkehr normaler Verhältnisse ins Auge gefaßt werden. Deshalb sollen diese erst am Schluß unserer Ausführungen behandelt werden. Heute aber schon gibt es zahlreiche kleinere Mittel und Wege, um zum mindesten einer weiteren Entwertung entgegenzuarbeiten und vielleicht schon im Kriege eine gewisse Besserung herbeizuführen:

## 1. Die kleinen und technischen Mittel während des Krieges.

Schon unsere Kritik an den seitherigen Valutamaßnahmen gibt Anhaltspunkte für eine Besserung. Das erste und wichtigste ist hier das seither nur unvollkommen durchgeführte Verbot unnötiger Einfuhr und die Verhinderung der Versendung deutscher Zahlungsmittel nach dem Auslande zu anderen Zwecken, wie etwa für Aufkauf und Einlagerung von Waren oder aber zur heimlichen Wegschaffung seither in Deutschland liegender Kapitalien. Strengste Beaufsichtigung der Einfuhr durch die Zollbehörden und das Verbot jeglicher Zahlung mit deutschen Banknoten ist hier das Gegebene. Gerade bei Abschluß dieser Arbeit haben die Reichsbehörden nach langem, allzu langem Zögern hier die notwendigen Beschlüsse gefaßt. Der erste ist die Bundesratsverordnung über die Neuregelung der Einfuhr vom 16. Januar, die wir der Wichtigkeit wegen ebenfalls im Wortlaut wiedergeben.

### Regelung der Einfuhr.

§ 1. Die Einfuhr aller Waren über die Grenzen des Deutschen Reichs ist nur mit Bewilligung der zuständigen Behörde gestattet.

§ 2. Auf Zuwiderhandlungen gegen die Vorschrift des § 1 finden die Strafvorschriften des Vereinszollgesetzes über Konterbande Anwendung.

Der Reichskanzler kann anordnen, daß Waren, die auf Grund des Vereinszollgesetzes konfisziert werden, bestimmten Stellen zum Kaufe anzubieten sind.

§ 3. In den Fällen des § 139 des Vereinszollgesetzes bestimmt die Zollstelle, in Zollausschlüssen die von der Landeszentralbehörde zu bezeichnende Stelle, ob die Ware zurückzuschaffen oder gegen Entschädigung zu übernehmen ist. Die Rückschaffung ist auch zulässig, wenn ein Aus- oder Durchfuhrverbot für die Ware besteht.

§ 4. Der Reichskanzler erläßt die Bestimmungen zur Ausführung dieser Verordnung, er ist ermächtigt, Ausnahmen von der Vorschrift des § 1 zu gestatten.

§ 5. Die Verordnung tritt mit dem Tage der Verkündung in Kraft der Reichskanzler bestimmt den Zeitpunkt des Außerkrafttretens.

Diese Verfügung ist darum hochwillkommen, weil sie bei richtiger Handhabung unmöglich macht, unnötige Dinge über die Grenze zu bringen, vor allem auch sind die von uns hervorgehobenen schädlichen Umgehungen der alten Devisenordnung durch Effektengeschäfte usw. ausgeschlossen. Freilich bedeutet diese Regelung gleichzeitig eine gewisse Gefahr, falls durch die erst einzuholende Erlaubnis beim Reichskommissar nötige und wünschenswerte Importe unmöglich gemacht werden. Diese Befürchtung ist darum nicht so ganz von der Hand zu weisen, weil man bei den seit geraumer Zeit in Kraft befindlichen Vorschriften über Ausfuhrbewilligungen sehr unerfreuliche Erfahrungen in dieser Richtung gemacht hat. Es hat oft Monate gedauert, bis unsere Exporteure Waren, die sie bereits verkauft hatten und deren Ausfuhr für unsere Währung von gewisser Bedeutung gewesen wäre, ausführen durften. Bis die Erlaubnis eingetroffen war, hatte häufig der ausländische Kunde anderswo seinen Auftrag untergebracht und war gleichzeitig seiner alten deutschen Verbindung abspenstig geworden. Wenn auch keineswegs immer bureaukratische Schwerfälligkeit, sondern häufig die äußerst delikaten und umständlichen diplomatischen Verhandlungen, die heute fast jedem Warenaustausch vorangehen, die Schuld tragen, so ist das doch äußerst bedauerlich und einer der kleinen Gründe für unseren Valutarückgang. Man sollte vielleicht in diesen Dingen etwas weitherziger sein und nicht wegen eines Auftrags von 2000 Mark Parketthölzern große Aktenbündel anlegen.

## Verbot der Markausfuhr.

Hand in Hand mit dem Einfuhrverbot gingen Maßnahmen zur Verhütung der Banknotenausfuhr, die schon vor Jahr und Tag empfohlen, aber von den zuständigen Stellen aus Gründen abgelehnt worden war, die sich jetzt als sehr wohl überbrückbar erweisen. Die in Frage kommenden Verfügungen gingen aus von der Postverwaltung einerseits und dem Bundesrat andererseits. Durch diese Bestimmungen ist es fortab unmöglich, Geldüberweisungen in deutscher Währung in Beträgen über 500 Mk. in irgendwelcher Form, sei es durch Postanweisung, Postscheck, Bankscheck, Wechsel usw. nach dem Ausland gelangen zu lassen. Dabei ist wohlweislich mit vollem Recht verfügt worden, daß alte, vor Erlaß dieser Verfügungen entstandene Verbindlichkeiten nach dem Ausland ohne weiteres bezahlt werden sollen. Auf diese Weise wird der übelwollenden Mißdeutung, als wenn es sich hier um eine versteckte Zahlungseinstellung des Deutschen Reiches handeln würde, von vornherein die Spitze abgebrochen. Leider sind auch bei diesem an und für sich sehr begrüßenswerten Schritt wieder Mißgriffe vorgekommen, die wir bei so vielen kriegswirtschaftlichen Verfügungen beobachtet haben. Zunächst einmal ist es nicht recht einleuchtend, warum Beträge unter 500 Mark auch weiter ins Ausland gebracht werden können. Es liegt ja auf der Hand, daß „geschickte" Leute ohne allzu große Schwierigkeiten 50000 Mark durch hundert verschiedene Sendungen ins Ausland bringen können. Weiter aber ist das Verbot der Reichsmarkversendungen in einer Weise erlassen worden, daß auch Kreise, die die Verfügung verstehen wollten, sie nicht verstehen konnten. Man hat nämlich merkwürdigerweise zunächst einmal die Verfügung nur für den Wirkungskreis des Oberbefehlshabers in den Marken, also für Berlin erlassen, nicht aber für die Provinz. Es spielten sich infolgedessen dieselben Vorgänge ab, die man so oft vor Beschlagnahmungen hat erleben müssen. Es wurden namentlich von Provinzinstituten noch schnell alle möglichen derartige unerwünschte Geschäfte gemacht zum Schaden des Deutschen Reiches. Warum man sich noch immer solche unbegreiflichen Schnitzer zu schulden kommen läßt, ist schlechterdings unverständlich. (Bei Abschluß dieser Arbeit, Ende Januar, fehlt immer noch die Veröffentlichung der ab 9. Januar wirksamen Bundesratsverordnung!)

Ein an und für sich sehr wirksames Mittel zur Verbesserung der Valuta auch während des Krieges wäre, wie schon erwähnt, eine liberalere Handhabung unserer Ausfuhrvorschriften. Leider ist heute unter dem Zeichen des Hindenburgprogramms wenig davon zu erwarten. Selbst wenn man mehr Waren als bisher für das Ausland freigeben würde, könnten wir die nötigen Arbeitskräfte kaum dafür freibekommen, da sie Wichtigeres und Dringenderes zu tun haben.

Eine andere Frage wäre, ob wir bei der Ausfuhr von Dingen, die das Ausland unbedingt braucht, wie vor allem Kohle, nicht noch höhere Preise als bisher vom Ausland fordern müßten. Dies wird von vielen Sachkennern empfohlen, indem darauf verwiesen wird, wie ungewöhnlich billig beispielsweise die Schweiz heute von uns die Kohle bezieht, wenn man etwa die Kohlenpreise in Italien zum Vergleich heranzieht. Man müßte die näheren Bestimmungen des deutsch-schweizerischen Geheimvertrages kennen, um entscheiden zu können, ob hier eine Unterlassung vorliegt.

## Diamanten und Perlen.

Wenn wir vorhin gesagt haben, daß sich die Ausfuhr im allgemeinen heute nicht erhöhen läßt, so ist vielleicht doch eine Ausnahme von dieser Regel möglich. Das ist der Export eines Artikels, dessen wir durchaus nicht bedürfen und der sehr hochwertig ist. Das sind Diamanten und Perlen. Der Vorschlag, sie auszuführen, ist schon häufig gemacht worden, allerdings ohne die Schwierigkeiten der Frage ganz zu durchdenken. Das soll an dieser Stelle geschehen. An und für sich ist die Forderung einleuchtend; um so befremdlicher ist es, daß lange statt einer Ausfuhr eine Einfuhr stattfand. Allerdings nicht auf geradem Wege, sondern unter allerhand Vorwänden. So wird auf das Bestimmteste versichert, daß diejenigen Posten ungeschliffener Diamanten, für welche die Reichsbank die Einfuhr freigibt, um in den deutschen Schleifereien veredelt und zuzüglich Schleiflohnes mit gutem Nutzen wieder an das Ausland verkauft zu werden, keineswegs alle die Grenzen verlassen, sondern daß ein recht ansehnlicher Teil in den deutschen Verkehr übergeht. Bekanntlich haben ja die

Juweliere noch nie so viel zu tun gehabt, wie gerade im Krieg. Es wäre sehr dankenswert und auch unbedingt nötig, wenn die Reichsbank jener an anderer Stelle schon aufgestellten, bisher aber noch nicht widerlegten Behauptung nachgehen würde. Das wird allerdings nicht ganz leicht sein, denn die betreffenden Kreise geben sich sicher alle Mühe, ihre nicht gerade patriotischen Handlungen zu verstecken und zu verschleiern. Fast noch bedenklicher aber ist der Kauf von Schmuck im Auslande ohne unmittelbare Einfuhr nach Deutschland. Jeder in Holland oder in der Schweiz mit offenen Augen Arbeitende erzählt, wie dort für deutsche und österreichisch-ungarische Rechnung derartiger Schmuck gekauft und einstweilen hinterlegt wird, selbstverständlich um auf diese Weise Kapital zu verstecken und den Staat um die Steuer zu betrügen. Bei diesem Kauf von Schmuck im Ausland haben sich, wie schon angedeutet, besonders österreichische Kriegslieferanten hervorgetan, wie denn überhaupt das an und für sich glänzende deutsche Juwelengeschäft direkt bescheiden war und ist, im Verhältnis zu den Umsätzen, welche die Wiener Juweliere verzeichnen konnten. Gerade in den kritischen Zeiten, als die Russenangst dort recht groß war, glaubte man durch Festlegung von Kapital in Perlen und Diamanten eine besonders leicht transportable und sichere Anlage zu besitzen. Viel toller noch ist die Tatsache, daß während des Krieges über Genf große Posten französischer Juwelen von Österreichern gekauft wurden, selbstverständlich meistens mit Hilfe der deutschen Reichsmark. Diese schlimmen Auswüchse mögen ja jetzt aufhören. So wollen wir wenigstens hoffen. Nun ist aber unser Ausgangspunkt ein anderer. Nicht nur der Kauf von Juwelen für unsere Rechnung, was ja selbstverständlich ist, ist zu verhindern, sondern darüber hinaus soll der Verkauf der deutschen Bestände veranlaßt werden. Ist das möglich? Darüber kann man nun sehr verschiedener Meinung sein. In Europa kommen als Käufer heute nur Skandinavien, Holland und die Schweiz in Betracht. Der Holländer und die Holländerin sind keine Freunde von allzuviel Prunk und Schmuck. Der dortige Markt also wird wohl kaum allzu aufnahmefähig sein. Die Schweiz hat im großen und ganzen im Krieg mehr verloren als verdient und deshalb werden dort die Käufer nicht allzu zahlreich sein. Anders steht die Sache in Skandinavien, wo die Millionäre wie Pilze aus dem Boden geschossen sind und wo, vor allem in Städten wie Kopenhagen, heute ein Luxus herrscht, wie er früher kaum in Paris anzutreffen war. Dorthin nun hat der deutsche Juwelenhandel bereits seit Jahr und Tag sein Augenmerk gerichtet, und es wird recht viel Ware an die dortigen Händler abgesetzt. Aber hier sehen wir schon, daß das keineswegs eine allzu leichte Sache ist, denn es handelt sich da keineswegs um ein Kassageschäft ohne Risiko, sondern die dortigen Detaillisten verlangen Kommissionslager und vor allem Kredite. Trotzdem haben die dort erzielten Umsätze für deutsche Rechnung seit Kriegsausbruch kaum eine achtstellige Ziffer erreicht. Das bedeutet also, daß der Markt in Europa bestenfalls einstweilen recht beschränkt ist. Nun bliebe allerdings als das reichste und aufnahmefähigste Land Amerika. Amerika könnte an und für sich jeden Betrag und jeden Posten an Diamanten und Perlen aufnehmen, bezahlen und verdauen. Da ist nun aber zunächst die große Schwierigkeit des Transports. Einstweilen müssen wir den Verkehr mit Handelstauchbooten dazu benutzen, und der ist vorerst ja recht beschränkt. Sollte aber dieses Hindernis überwunden werden, so muß man auch hier unterscheiden zwischen den vorhandenen Diamanten und persönlichen Beständen. Für Diamanten wird der Absatz darum schwer sein, weil der Geschmack hinsichtlich der Schleifart in den Vereinigten Staaten erheblich anders ist wie bei uns. Wesentlich besser steht es mit den Perlen. An diesen ist durch Schliff nichts zu verderben und deshalb würde die Frage einer organisierten Perlenausfuhr nach den Vereinigten Staaten sehr wohl zu erwägen sein. Sollte sich herausstellen, daß der Weg gangbar ist, sei es jetzt sofort oder für die Übergangswirtschaft, so müßte man bei uns mit voller Energie und rücksichtslos vorgehen. Es hat gar keinen Zweck, an den guten Willen oder den Patriotismus der reichen Damen zu appellieren. Damit wird man nichts erreichen. Die Erfahrungen, die man bei den jetzt im Krieg da und dort veranstalteten Schmucksammlungen und Schmuckverlosungen zugunsten guter Zwecke gemacht hat, können den, der da noch optimistisch war, über den Mangel an Altruismus gerade in den besten Kreisen belehren. Selbst die von den Protektorinnen derartiger Veranstaltungen gestifteten Stücke waren fast regelmäßig die ältesten, geschmacklosesten Stücke ihrer Sammlungen. Man untersuche also die Frage und schreite, wenn man die Ausfuhr für gangbar hält, zu einer rücksichtslosen Beschlagnahme. Man sorge aber auch dafür, daß der ganze Gewinn einer derartigen Ausfuhr nicht ausschließlich in die Hände einiger gerissener Vermittler falle!

## Veredlung unseres Zahlungsverkehrs.

Ein weiteres wirksames Mittel, unsere Valuta zu heben, wäre die Veredlung unseres Zahlungsverkehrs, von der seit einem Jahr soviel die Rede ist und die so außerordentlich langsame Fortschritte macht. Seitdem der Verfasser in der Sammlung „Dringliche Wirtschaftsfragen"*) gezeigt hat, wie durchaus veraltet und gefährlich unsere ganze Zahlungstechnik ist, ist zwar unendlich viel geschrieben und auch da und dort manches, was damals verlangt wurde, getan worden, aber es war nur halbe Arbeit. Der beste Beweis dafür ist der Notenumlauf Ende 1916 mit über 8 Milliarden Mark. Hätte die Reichsbank, die dafür zuständig ist, einmal in rücksichtsloser Weise die Träger unserer Zahlungstechnik, d. s. die Banken, Sparkassen, die Militärverwaltung, die Post und die Genossenschaften zusammenberufen und ihnen ein fertiges Programm vorgelegt, wie es die Militärverwaltung so häufig mit glänzendem Erfolg auch in wirtschaftlichen Dingen getan hat, so wären wir heute weiter. Statt dessen sind nach wie vor Milliarden deutscher Banknoten außerhalb der Reichsgrenzen im Umlauf. Die erwähnten Träger des Zahlungsverkehrs arbeiten gegeneinander. Die Zahl der Postscheckkonten nimmt unter Berücksichtigung der ernsten Lage nur im Schneckentempo zu und das Publikum wird verwirrt statt aufgeklärt. Heute sind die Verhältnisse noch so, daß große Geldinstitute, wie beispielsweise führende Hypothekenbanken, aus ganz hinfälligen Gründen es ablehnen, ein Postscheckkonto zu halten und infolgedessen den Barverkehr in ungebührlicher Weise zum Schaden des Reiches belasten. Man steht in Berlin bei der Reichsbank anscheinend auf dem Standpunkt, daß diese Frage nur ganz allmählich im Laufe vieler Jahre gelöst werden kann. Nach unserer Kenntnis der Dinge ist das Gegenteil der Fall und wir sind so optimistisch zu glauben, daß auch die Reichsbank, wenn sie die Frage einige Jahre studiert hat, sich zu unserem Standpunkt bekehrt. Leider fürchten wir, daß es dann viel zu spät sein wird. Würden wir unseren Banknotenumlauf schnell um einige Milliarden ermäßigen, und das müßte gehen, so bekämen wir eine

*) Heft 1: Gegen den Bargeldverkehr.

große Menge Goldes frei, das wir sofort zugunsten unserer Valuta verwerten könnten. Der Einfluß wäre ganz gewaltig.

## 2. Die Mittel nach dem Kriege.

### Die Verminderung des Außenhandels.

So beachtenswert die im vorstehenden geschilderten Mittel auch sind, so werden sie doch nicht genügen, um die Valuta auf ihren alten Stand zu bringen. Es sind das mehr Maßnahmen für die Dauer des Krieges. Die eigentlichen ausschlaggebenden Heilmittel werden erst mit dem Beginn der Friedensverhandlungen und in der Übergangszeit — aber auch nicht später — in Anwendung kommen müssen.

Vor allem muß unsere Zahlungsbilanz dann zum mindesten normal, möglichst sogar aktiv werden. Die Wiederkehr normaler Handelsbeziehungen wird da das Ihre tun. Wir müssen vor allem so viel ausführen, wie nur irgend möglich ist. Ob uns das allerdings so leicht fallen wird, ist nach den Darlegungen im vorangehenden Kapitel zweifelhaft, wozu noch für die nächste Zeit die völlige Entleerung unserer Warenlager durch den Krieg kommt. Bevor wir in großem Maße ausführen können, müssen wir unsere Rohmaterialienbestände ergänzen, und das kann nicht von heute auf morgen geschehen. Die wenigen Waren, an denen wir Überfluß haben, wie Kali und manche Montanprodukte und vielleicht (?) gewisse Erzeugnisse der chemischen Industrie werden kaum genügen.

Die zweite Forderung ist die Einschränkung der Einfuhr im großen Stil. Die Erfüllung dieses Wunsches wird durch die Not und den Zwang erleichtert, außerdem durch die positiven Errungenschaften des Krieges. Die große Not hat auch in diesem Falle uns erfinderisch gemacht; es sind in ansehnlicher Zahl Ersatzindustrien entstanden, die vordem aus dem Ausland bezogene Stoffe im Inland entstehen lassen. Dabei sind wir nicht so optimistisch, jede Ersatzindustrie, die uns heute gute Dienste leistet, auch in ruhigen Zeiten für unbedingt lebensfähig zu halten. Immerhin sind einige neue Gewerbezweige entstanden, von denen man Außerordentliches erwarten darf. Dabei denken wir vor allem an die Stickstoffindustrie. Wenn einmal der unbegrenzte Bedarf der Heeresverwaltung ausfällt, so werden die gewaltigen Stickstoffanlagen unserer Landwirtschaft in einem Maße Düngemittel zur Verfügung stellen, daß diese alljährlich bei entsprechend rationeller Anwendung Milliarden mehr Bodenprodukte als seither der Bevölkerung zur Verfügung stellen kann. Auch die Textilindustrie und die metallverarbeitenden Fabriken werden in Zukunft auf gar manche ausländische Zufuhr verzichten können. Viel könnte auch eine wirklich wissenschaftliche Ausnutzung der einstweilen so unrationell verwerteten Kohle ersparen. Andererseits wird gerade in der Übergangszeit die oben bei der Ausfuhr erwähnte völlige Plünderung unserer Läger einen großen Bedarf für deutsche Rechnung notwendig machen. Der Außenhandel allein wird also schwerlich den wünschenswerten Ausgleich der Zahlungsbilanz bringen. Überhaupt wäre nichts verkehrter und verhängnisvoller als aus der Notwendigkeit zu sparen, die Forderung eines geschlossenen Handelsstaates abzuleiten.

Wir werden uns auf andere Weise Guthaben im Ausland zu schaffen haben. Das für uns Billigste und Angenehmste wäre da naturgemäß eine Kriegsentschädigung, die am allerbesten in Form von Rohmaterialien uns geliefert werden könnte. Ob dieser Wunsch erfüllbar ist, hängt nicht nur von den zur Stunde noch unentschiedenen kriegerischen Ereignissen, sondern auch davon ab, wie wir uns die fernere Gestaltung unserer Beziehungen zu unseren gegenwärtigen Feinden denken. Die Möglichkeit einer Kriegsentschädigung und ihre wohltätigen Folgen für unsere Volkswirtschaft auszumalen, ist außerordentlich verlockend und bietet der Phantasie unbegrenzten Stoff. Wir halten es aber für besser, diesen Punkt nicht weiter auszuspinnen und uns mit einer Andeutung zu begnügen, denn es ist immer besser, in diesen Dingen recht nüchtern vorzugehen und nur mit sicheren Faktoren zu rechnen. Wenn man also von einer Kriegsentschädigung zunächst absieht, so müssen auf anderen Wegen Forderungen jenseits unserer Grenzen erhalten werden, und da bleibt nur die Form der Anleihe. Obwohl Amerika unseren Feinden schon viele Milliarden geliehen hat und obwohl diese ausländischen Anleihen vom amerikanischen Publikum noch nicht verdaut sind, so sollte es doch bei einigermaßen geschickter Technik gelingen, auch für Deutschland entsprechend langfristige Darlehen im heutigen neutralen Ausland unterzubringen. Das Ausland hätte um so mehr Anlaß, auf dieses Geschäft einzugehen, als nach dem Krieg, wenn die phantastischen Kriegslieferungen aufhören, man sich wieder erinnern wird, daß

Deutschland bis zum Juli 1914 in vielen Artikeln der größte Käufer war.

**Verwertung unserer ausländischen Wertpapiere.**

Besonders wirksam wäre im Zusammenhang hiermit auch heute noch eine bessere und vor allem eine einheitlichere Verwertung unseres ausländischen Effektenbesitzes. Immer noch gibt es sehr viele Besitzer derartiger Werte, die aus rein egoistischen Gründen es ablehnen, ihren Besitz an ausländischen Papieren zu verkaufen, obwohl sie daran sehr ansehnliche Gewinne machen könnten. Das einzige, was bisher geschehen, ist eine Bestandsaufnahme der ausländischen Wertpapiere. Das ist immerhin schon etwas, denn auf Grund dieser so gewonnenen Erkenntnis ist das Reich in der Lage, entsprechende Maßnahmen vorzubereiten. Wie soll nun in Zukunft dieser Besitz verwertet werden? Sie *sollen die Unterlage für große Anleihen im Ausland werden.* Es sind da verschiedene Wege gangbar. Das Einschneidendste wäre die Beschlagnahme aller dieser ausländischen Effekten zugunsten des Reiches unter entsprechender Vergütung; das aber wäre weder nützlich noch ist es nötig. Es wäre darum nicht nützlich, weil viele im deutschen Besitz befindlichen Auslandswerte einzig und allein den Wert haben, den Einfluß deutschen Unternehmertums im Auslande zu stützen und zu halten. Damit zu brechen, wäre Unsinn. Außerdem wäre es eine Härte, deutschen Besitzern solche Wertpapiere zu enteignen, die heute im Kurse außerordentlich ungünstig stehen und dem betreffenden Kapitalisten schwere Verluste bringen würden. Beschränkt müßte also die zwangsweise Beschlagnahmung von Auslandswerten nur auf solche werden, welche dem Besitzer keine anderen Vorteile als die einer guten Anlage gewähren und deren Kurs ihnen keine Verluste verursacht. Zu überlegen wäre ferner, ob man sich nicht darauf beschränken könnte und sollte, die betreffenden Werte lediglich zu leihen, wie das England gemacht hat und sich das Recht eines späteren Kaufs vorzubehalten. Von diesen Beschränkungen aber abgesehen, sollte man keine allzu großen Rücksichten walten lassen. Vor dem Kriege wäre ein derartiges Vorgehen manchem als eine Ungeheuerlichkeit, als ein unberechtigter Eingriff in das Privateigentum des einzelnen erschienen. Heute aber, wo wir uns längst daran gewöhnt haben, unsere Kupfervorräte und den

Warenbesitz jeglicher Art im Dienste des Vaterlandes zur Verfügung zu stellen, darf die Enteignung von ausländischen Wertpapieren durchaus nicht als besonders schmerzlich angesehen werden, besonders wenn der Staat nur solche Werte zwangsweise kaufen würde, die keinen Verlust gegenüber dem Einstandspreise mit sich bringen. Ja, im Gegenteil, in den meisten Fällen würden die Besitzer auch noch durch die Steigerung der ausländischen Valuta bei dieser zwangsweisen Enteignung ein glänzendes Geschäft machen, gewissermaßen Kriegsgewinne einheimsen.

Nebenbei bemerkt, wird auch ohne dies unser Effektenbesitz nach Einstellung der Feindseligkeiten vermutlich unserer Valuta automatisch einen großen Dienst leisten, weil auf die in London liegenden Papiere deutscher Besitzer seit Mitte 1914 keine Zinsen mehr bezahlt wurden und diese dann fällig werden. Hier ist allerdings Voraussetzung, daß England so klug ist, unseren Besitz zu achten. Würde England anders verfahren, so wäre das für die Stellung Londons als Weltbankier der schwerste Schlag und würde sich für alle Zukunft bitter rächen.

## Sonstige Mittel.

Wenn der Friede kommt, so werden weitere Aktivposten unserer Forderungsbilanz wieder in die Erscheinung treten: die Schiffahrt dürfte — so kann man in Anbetracht der fürchterlichen Verwüstungen der Welttonnage hoffen — trotz des Rückganges unserer Schiffszahl mehr als je an Frachteneinnahmen erbringen. Schließlich sei noch auf eine Quelle hingewiesen, die bei kluger Leitung viel fremdes Geld nach Deutschland bringen könnte: Die Hebung des Fremdenverkehrs in jeder Form.

## Schluß.

So schwierig das ganze Valutaproblem ist, so unbefriedigend sich die gegenwärtigen Verhältnisse dem unbefangenen Beurteiler darstellen, so wäre es doch verfehlt, allzu großem Pessimismus zu huldigen. Zweifellos — die Wiederherstellung unserer alten normalen Valuta erfordert viel Geschick und viel Arbeit. Letzten Endes wird die friedliche produktive Leistung des deutschen Volkes auf hier wie auf allen Gebieten als Arzt auftreten müssen. Schwere Jahre unermüdlichen, rastlosen Schaffens stehen uns bevor. Aber diese Aussicht schreckt uns nicht, denn die Arbeit soll ja eine friedliche sein, und ohne Chauvinismus und Überhebung dürfen wir Deutsche uns als das Volk der Arbeit bezeichnen. Freilich ist diese Zuversicht an die Voraussetzung gebunden, daß die für unsere Wirtschaftspolitik verantwortlichen Stellen mit großem Weitblick und großer Planmäßigkeit uns in den Frieden und die Übergangszeit hineinführen.

---

Die Arbeit wurde bereits Ende Januar abgeschlossen und in Satz gegeben. Leider haben die bestehenden schwierigen Verhältnisse die Drucklegung fast ein Vierteljahr hinausgezogen. In der Zwischenzeit sind grundlegende Änderungen nicht eingetreten. Gegenstandslos geworden sind nur einige Reformvorschläge, weil — erfreulicherweise — die zuständigen Instanzen von sich aus die Durchführung in die Hand genommen haben.

---

# Anhang.

## 1. Zum Verständnis der Devisennotierungen.

Es wird vielleicht manchem Leser willkommen sein, mit ein paar Worten eine Erklärung für die in den täglichen Kurszetteln gebräuchlichen Devisennotierungen zu erhalten. Diese Erklärung ist darum nicht ganz überflüssig, weil die Börsengebräuche durchaus uneinheitlich sind und unter Umständen bei der einen Devise ein Anziehen des notierten Kurses ein günstiges, bei der andern aber ein ungünstiges Zeichen ist. Das ist zum Beispiel der Fall beim New Yorker Kurszettel. Die dortigen Notierungen lauten in den in den Tageszeitungen wiedergegebenen Formen wie folgt:

| | | | |
|---|---|---|---|
| New York, 20. Januar. | Wechsel | Berlin . . . . . | 67¼. |
| | „ | Paris . . . . . | 584,37. |
| | „ | London 60 Tage . | 472. |
| | „ | Cable Transfer . . | 476,50. |

Hier bedeutet die Notierung Wechsel Berlin, daß für 400 Reichsmark 67¼ Doll. bezahlt werden. In normalen Zeiten ist der Preis für 400 Mark rund 95 Doll. Somit ist jeder Rückgang der Notierungen für die Kaufkraft der Reichsmark ein ungünstiges Zeichen. Umgekehrt ist es bei der Notierung des Pariser Wechsels. In diesem Fall findet nämlich die Notiz in der fremden Währung statt. Die Zahl 584,37 bedeutet, daß für 100 Doll. 584,37 Franken zu zahlen sind, während in normalen Zeiten der Preis sich auf rund 515 Franken stellt. Hier ist also ein Steigen des Kurses ein ungünstiges Zeichen. Für die englische Währung finden sich in den Kurszetteln unter Berücksichtigung der Bedeutung des Pfundwechsels zwei Notierungen, die eine für Wechsel, die nach 60 Tagen fällig werden, die andere für telegraphische Auszahlung. Daher der Name „Cable Transfer". Für beide Notizen handelt es sich gleichartig um den Wert eines Pfund Sterling, ausgedrückt in Dollars. In dem oben angeführten Tag müßten also für das Pfund Sterling 4,67½ Doll. bezahlt werden gegen 4,86⅔ Doll. in normalen Zeiten.

Der jetzt besonders beachtete schweizerische Kurszettel ist leichter zu verstehen. Er lautet beispielsweise:

Zürich, 20. Januar 2,30 N. Wechselkurse:

| | | | |
|---|---|---|---|
| Wien . . . . . | 53,20 (53,25) | Deutschland . . | 83,25 (83,10) |
| Holland . . . . | 204,25 (204,25) | . New York . . . | 5,02 (5,01) |
| Paris . . . . | 86,— (86,15) | Italien . . . . | 72,— (72,10) |
| London . . . . | 23,90 (23,92) | | |

Hier ist die Notierung „Deutschland" dahin zu verstehen, daß dort für 100 Mark 83,25 Franken bezahlt werden gegen 122,50 Franken in normalen Zeiten, während Wien 53,20 besagen will, daß die Schweiz für 100 Kronen 53,20 zahlt gegen 105 in normalen Zeiten. Bei Italien ist die Notiz von 72 dahin zu verstehen, daß statt 100 Franken für 100 Lire deren nur 72 von den Schweizern bezahlt werden usw. Die in Klammern beigefügten Ziffern sind die Notierungen des vorangehenden Börsentages.

---

## 2. Vergleichende Übersicht der wichtigeren Goldeinheiten.[1]

| 1 Kilogramm Feingold liefert in: | Deutschland Mk. 2790 | England £ 136,57 | Ver. Staaten $ 664,61 | Frankreich u. lat. Münzunion Frs. 3444,44 | Holland fl. 1653,44 | Rußland Rbl. 1291,6 | Österreich-Ungarn Kr. 3280 | Nordische Länder Kr. 2480 | Japan Y. 1333,33 |
|---|---|---|---|---|---|---|---|---|---|
| Daher: | | | | | | | | | |
| 1 Mark . . . . . . = | 1 | 11,75 d | 23,82 c | 1,234 | 0,5926 | 0,463 | 1,175 | 0,89 | 0,48 |
| 1 Pfund Sterling . . = | 20,43 | 1 | 4,866 | 25,22 | 12,107 | 9,46 | 24,02 | 18,16 | 9,77 |
| 1 Dollar . . . . . = | 4,198 | 49,32 d | 1 | 5,18 | 2,48 | 1,94 | 4,94 | 3,73 | 2,01 |
| 1 Franks . . . . . . = | 81 Pf. | 9,52 d | 19,295 c | 1 | 0,48 | 0,37 | 0,95 | 0,72 | 0,39 |
| 1 Gulden . . . . . . = | 1,69 | 19,82 d | 40,195 c | 2,083 | 1 | 0,78 | 1,98 | 1,50 | 0,81 |
| 1 Rubel . . . . . . = | 2,16 | 25,37 d | 51,45 | 2,67 | 1,28 | 1 | 2,54 | 1,92 | 1,03 |
| 1 österreichische Krone = | 85,06 Pf. | 10 d | 20,26 | 1,05 | 0,5041 | 0,39 | 1 | 0,76 | 0,41 |
| 1 nordische Krone . . = | 1,125 | 13,21 d | 26,80 c | 1,39 | 0,666 | 0,52 | 1,32 | 1 | 0,54 |
| 1 Yen . . . . . . . = | 2,093 | 24,58 d | 49,85 c | 2,58 | 1,24 | 0,97 | 2,46 | 1,86 | 1 |

[1] Nach Deutsch, Arbitrage London 1910.

## 3. Die Darlehen Amerikas während des Krieges
(bis Mitte Januar 1917).

| Ausgabezeit | Land | Rate | fällig | Ausgabepreis | Rentabilität | Betrag in Millionen |
|---|---|---|---|---|---|---|
| | 1. Europa. | | | | | |
| Okt. 1914 | Norwegen . . . . . . . . | 6 | 1917 | 100 | 6,00 | 1 |
| März 1915 | Schweiz . . . . . . . . . | 5 | 1918 | 97 3/8 | 6,00 | 5 |
| März 1915 | do. . . . . . . . . . . | 5 | 1920 | 95 3/4 | 6,00 | 5 |
| Sept. 1915 | Frankreich (Pa. R. R. kol.) . | — | 1921 | — | — | 48 |
| Okt. 1915 | „Anglo-French" . . . . . | 5 | 1920 | 98 | 5 1/2 | 500 |
| Dez. 1915 | Frankreich (Kredite) . . . . | Dis. | — | — | 6 1/4 | 15 |
| Januar 1916 | Frankreich (C. M. u. St. P. kol.) | 4 | 1925 | 96 | 4 1/2 | 47 |
| Febr. 1916 | Norwegen . . . . . . . . | 6 | 1923 | 101 1/2 | 5,75 | 5 |
| März 1916 | London Water Board . . . | Disk. | 1918 | — | 6,00 | 6 |
| März 1916 | Frankreich (Kredite) . . . . | Disk. | — | — | 6 1/4 | 15 |
| April 1916 | Deutschland . . . . . . . | 6 | 1917 | 100 | 6,00 | 10 |
| Juli 1916 | Rußland . . . . . . . . . | 6 1/2 | 1919 | 100 | 6 1/2 | 50 |
| August 1916 | Frankreich . . . . . . . | 6 | 1919 | 98 | 5,73 | 94 |
| Sept. 1916 | do. (Kredite) . . . . | Disk. | — | — | 6 1/2 | 15 |
| Sept. 1916 | England . . . . . . . . . | 5 | 1918 | 99 | 5 1/2 | 250 |
| Sept. 1916 | Rußland (interne Anleihe) . | 5 1/2 | 1926 | — | 7,00 | 10 |
| Okt. 1916 | Frankreich (interne Anleihe) . | 5 | 1931 | 75 1/2 | 5,70 | 5 |
| Okt. 1916 | Paris . . . . . . . . . . | 6 | 1921 | 98 3/4 | 6,30 | 50 |
| Nov. 1916 | England . . . . . . . . . | 5 1/2 | 1921 | 98 1/2 | 5,85 | 150 |
| Nov. 1916 | England . . . . . . . . . | 5 1/2 | 1919 | 99 1/4 | 5,75 | 150 |
| Nov. 1916 | Bordeaux-Lyons-Marseilles . | 6 | 1919 | 98 | 6,75 | 36 |
| Dez. 1916 | Rußland . . . . . . . . . | 5 1/2 | 1921 | 94 3/4 | 6 3/4 | 25 |
| Dez. 1916 | Frankreich (Kredite) . . . . | Disk. | — | — | 7,00 | 50 |
| | Diverse englische Kredite . . | — | — | — | — | 50 |
| Dez. 1916 | England (Warenkredit) . . . | — | — | — | — | 50 |
| | Rußland (Akzepte) . . . . | — | — | — | — | 25 |
| | Diverse Anleihen . . . . . | — | — | — | — | 10 |
| Januar 1917 | England (gedeckt) . . . . . | 5 1/2 | 18 bz. 19 | 99,22 | 6,00 | 250 |
| Januar 1917 | Stadt Genua . . . . . . | 5 | 1922 | 97 1/2 | 5 1/2 | 4 |
| | zusammen $ | | | | | 1933 |

| Ausgabezeit | | Land | Rate | fällig | Ausgabepreis | Rentabilität | Betrag in Millionen |
|---|---|---|---|---|---|---|---|
| | | **2. Südamerika.** | | | | | |
| Dez. | 1914 | Argentinien . . . . . . . . | 6 | 1917 | 99¼ | 6¼ | 5 |
| Mai | 1915 | do. . . . . . . . . | 6 | 1920 | 99 | 6,25 | 50 |
| Febr. | 1916 | do. . . . . . . . . | Disk. | 1917 | — | 5,00 | 18 |
| Nov. | 1916 | Sao-Paulo . . . . . . . | 6 | 1919 bis 1928 | 96,09 bis 100 | 6—6½ | 5 |
| Dez. | 1916 | Argentinien . . . . . . . . | — | 1917 | 100 | — | 16 |
| | 1916 | do. . . . . . . . . | Disk. | 1917 | — | — | 15 |
| | 1916 | do. . . . . . . . . | Disk. | 1917 | — | — | 5 |
| | 1916 | do. . . . . . . . . | Disk. | 1917 | — | — | 5 |
| Dez. | 1916 | Uruguay . . . . . . . . | 6 | — | — | — | 2 |
| | | Yukatan (Jute-Kredit) . . . . | — | — | — | — | 10 |
| | | Uruguay . . . . . . . . | 6 | — | — | — | 0,64 |
| | | Panama . . . . . . . . | 5 | — | — | — | 3 |
| | | Bolivia (Bank-Anleihe) . . | — | — | — | — | 1 |
| | | Chile (Bank-Anleihe) . . . | — | — | — | — | 6 |
| | | zusammen $ | | | | | 144 |
| | | **3. Canada.** | | | | | |
| | | Diverse Darlehen . . . . | — | — | — | — | 285 |
| | | **4. Andere Länder.** | | | | | |
| Juli | 1916 | Newfoundland . . . . . . | 5 | 1919 | 99½ | 5¾ | 5 |
| Nov. | 1916 | Rep. China . . . . . . . | 6 | 1919 | 97½ | 6,90 | 5 |
| | | Endsumme $ | | | | | 2372 |

Die Tafel ist mit einigen Ergänzungen aufgestellt nach der „New York Times" vom 31. Dezember 1916.

Metzger & Wittig, Leipzig.

FSC
www.fsc.org
MIX
Papier | Fördert
gute Waldnutzung
FSC® C083411

Kolibri 360 GmbH
Ferdinand-Jühlke-Straße 7
99095 Erfurt, Deutschland
produktsicherheit@kolibri360.de